低年齢児　集会　おりがみ　クイズ・ゲーム　生活習

ペープサート大百科

阿部　恵／著

はじめに

ペープサートは魅力的です。画用紙に絵を描いて割りばしや竹ぐしを付ければでき上がり。動かしたり、舞台に立てただけで、あたかも生命ある絵人形に思えたり、存在感あるものになったりするからです。絵人形は指先のちょっとした操作で、話したり、相づちを打ったり、喜怒哀楽まで表現することができます。もちろん歩くこと、走ること、ジャンプすることも…。クルリ・クルリと表裏に反転させて向きを変えることや、変身は最も得意とするところです。左右に動かしたり、表裏の変化をつけるという簡単な技法ですが、そこに楽しさや喜びがあります。

保育で生かすペープサートは、手軽にできて、子どもとの掛け合いが楽しめて、お互いの表情がよく見えます。凝ったしかけや大掛かりな舞台は必要ありません。じょうずに演ずるよりも、子どもたちとじょうずにふれあうためにどうしたらいいか考えながら活かしてほしいと願います。

とにかく、絵人形を手にして子どもたちの前に立ってみてください。いっしょに遊んでみてください。それが、ペープサートのスタート地点です。きっと楽しい保育が展開されます。

本書のひとつひとつの作品が子どもたちの興味や関心を引き出したり、意欲を育てる一助になりましたら幸いです。

阿部　恵

ひかりのくに

本書の特長

本書には、手軽に子どもと楽しめるペープサートがたっぷり入っています！

特長1

たっぷり！ よくばり！

35作品

シンプルなものから本格的ものまで、
バラエティ豊か！
保育の幅が広がります！

特長2

いつでも・どこでも・だれとでも

楽しめる！ うれしい 7テーマ

- ★低年齢児
- ★集会
- ★おりがみ
- ★クイズ・ゲーム
- ★生活習慣
- ★行事
- ★お話

保育の場面や子どもたちのようすに合わせて選べます！

特長3

さらに！ うれしい！

型紙172点

コピーしてすぐに使える型紙つきなので、簡単に作れます！

特長4

わかりやすい 演じ方・作り方つき！

- 演じ方の基本
- 絵人形の作り方
- 巻き込みペープサートの作り方
- 肩かけ段ボール舞台の作り方
- 木製舞台の作り方
- 作品ケースの作り方

さあ！ 子どもたちといっぱい遊ぼう！

●演じ方の基本（必ず読んでください）

舞台の置き方

演じる前に、次の項目をチェックしましょう。

●舞台の高さ

子どもたちの目線の高さを考えて、見やすい高さにします。

●舞台の位置

テーブルに舞台をのせるとき、手前に絵人形を置くスペースをとっておきましょう。

●絵人形の順番

出し物に合わせて、登場させる位置に順番をそろえて、置いておきます。

絵人形の持ち方

親指と人さし指・中指で操作します。

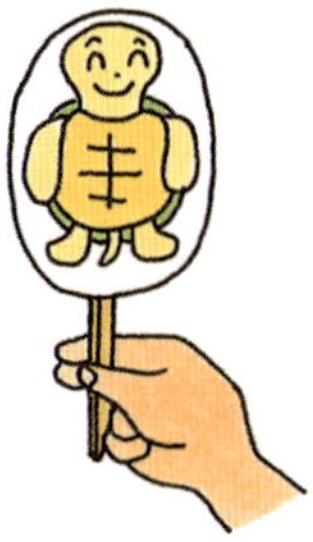

表裏の転画

親指でくしを半回転転がすと裏面が出ます。逆方向に半回転転がすと元の表になります。

このクルクルッとすばやく転画できることがペープサートの特色です。

●舞台の使い方

子どもたちから見て、右手側が上手、左手側が下手になります。

絵人形を登場させたり退場させたりする場合は、原則として舞台の端から端まで使います。

景画や、動きの止まった絵人形は穴に立てます。

手前のスペースに、絵人形を出し物の展開に合わせてセットしておきましょう。

絵人形の動かし方

●歩行

絵人形のくしの下部ａを前方ｂに移動させます。続いて絵人形の上部ｃを前方ｄに移動させます。これを連続的に行なうと歩くように演じられます。

悪い例

上部だけ振っても、絵人形が歩くことにはなりません。

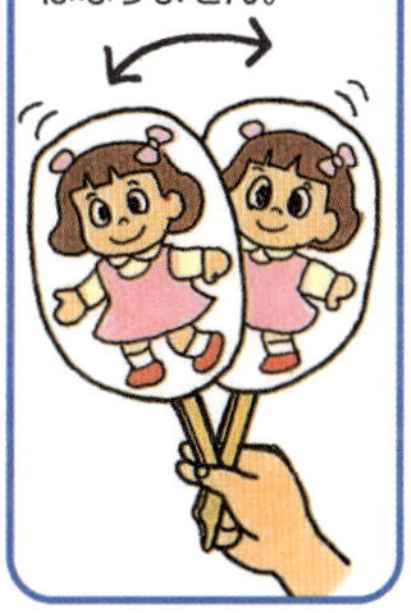

●あいさつ会話

悪い例

両方動かしながら話すと、子どもたちはどちらが話しているかわからなくなります。

話しかけるほうだけを少し動かし、聞くほうは動かしません。

●直角転画

舞台の中央で、絵人形を入れ替えるときに使います。入れ替えたい絵人形を、舞台裏で図のように直角に持ち、90°回転させて入れ替えます。

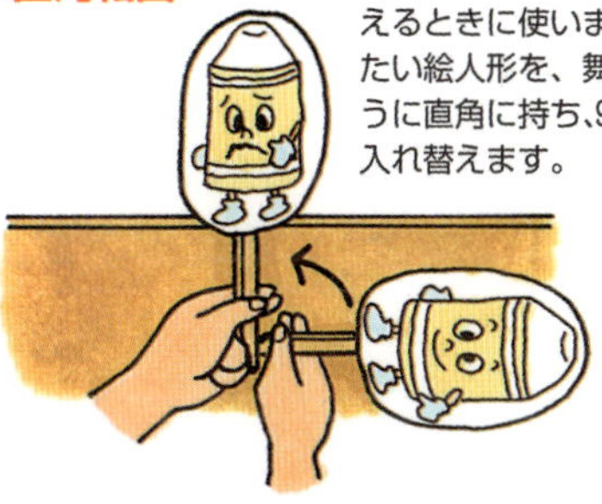

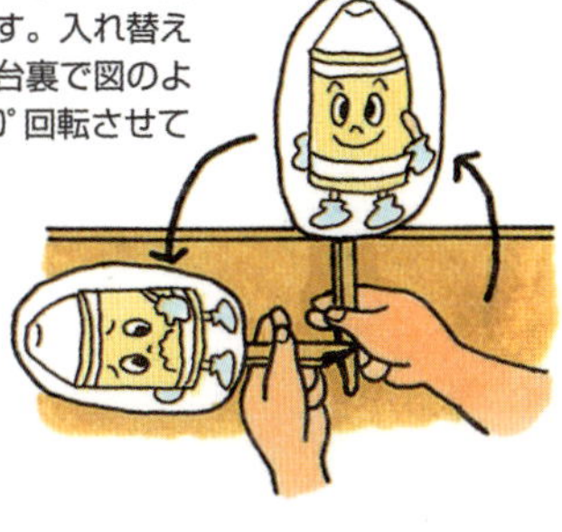

●登場・退場（木製舞台のとき）

退場

下手、上手の端まで移動させて、スーッと外します。

登場

下手、上手の端からスーッと出します。

※舞台の途中から出たり入ったりするのは、例外的に。

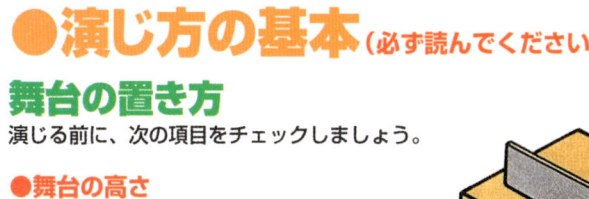

Contents

低年齢児から楽しいペープサート

おあつまりに最適！遊びの要素がいっぱいのペープサート

おりがみでつくる新しくてカンタンなペープサート

クイズ・ゲームのペープサート

基本的生活習慣が身につくカンタンペープサート

行事にも生かせるペープサート

お話ペープサート

contents

作り方

型紙

低年齢児から楽しいペープサート-❶

みんないっしょに いないいないばあ

●演じる前に

赤ちゃんから高齢者まで、みんなうれしい「いないいないばあ」。ペープサートの表裏の変化がそのまま楽しめます。いろいろな動物になったつもりで、みんなで遊びましょう。

●ポイント

①小さな動物から大きな動物まで順に出します。その楽しさをいっしょに味わいましょう。
②♪ちいさなこえで…　♪かわいいこえで…　など、いろいろな表現を楽しみます。
③全員がそろう大きなペープサートで、子どもたちをおおいに沸かせましょう。2〜3体ずつ分けて遊ぶこともできます。

●用意するもの

絵人形…ダンゴムシ・ヒヨコ・ネコ・ブタ・クマ・怪獣・アリ
　　　　全員
絵人形を入れるケース
※絵人形の作り方は110ページ、型紙は112〜115ページ。
　ケースの作り方は111ページ、型紙は190ページ。

みんないっしょに いない いない ばあ　阿部　恵・作詞／中郡利彦・作曲

絵人形を入れる
ケース

●演じ方

●ダンゴムシの表を出しながら

保育者　先生、園庭の隅の方で、こんなに小さな虫を見つけました。

♪だんだんだあれ　いないいないばあ
　ちいさなこえで　いないいないばあ

（子どもたちの反応を受けて）

ダンゴムシさんかな…。
みんなもいっしょに、小さな声でいないいないばあをしましょう。

♪みんないっしょに　いないいないばあ

●ダンゴムシの表をクルリと裏返しながら

保育者　いないいない、ばあ！
小さなダンゴムシさんでした。

●表裏、表裏と何回か反転させながら

いないいない、ばあ！　モゾモゾモゾ
いないいない、ばあ！　モゾモゾモゾ
ほんとに小さいね。
さあ、次々と動物さんが出てきますよ。
今度はだれでしょう。

●ヒヨコの表を出しながら

保育者　だれかしら？　羽でお顔を隠しているようです。

♪だんだんだあれ　いないいないばあ
　かわいいこえで　いないいないばあ

（子どもたちの反応を受けて）

ヒヨコさんかな…。この小さなくちばしを見るとそんな感じがしますね。

♪みんないっしょに　いないいないばあ

●ヒヨコの表をクルリと裏返しながら

保育者　いないいない、ばあ！
かわいいヒヨコさんでした。

●表裏、表裏と何回か反転させながら

いないいない、ばあ！　ピヨピヨピヨ
いないいない、ばあ！　ピヨピヨピヨ
ほんとにかわいいですね。
今度はだれでしょう。

※以下同様に行なう。

ネコ

5 ♪だんだんだあれ
いないいないばあ
あまいこえで
いないいないばあ

6 ♪みんないっしょに
いないいないばあ
（ニャーオ〜）

ブタ

7 ♪だんだんだあれ
いないいないばあ
ゆかいなこえで
いないいないばあ

8 ♪みんないっしょに
いないいないばあ
（ブ〜）

クマ

⑨♪だんだんだあれ
いないいないばあ
つよいこえで
いないいないばあ

⑩♪みんないっしょに
いないいないばあ
（クマだー）

10

9

怪獣

⑪♪だんだんだあれ
いないいないばあ
大きなこえで
いないいないばあ

⑫♪みんないっしょに
いないいないばあ
（グアオ～）

11

12

怪獣さんになって
ばぁ～
グァオ～

保育者　楽しかったね。最後は、みんなでいないいないばあをしますよ。

アリ（保育者）　（小さな声で）ちょっと待って！　ぼくを忘れているよ。

保育者　あっ、ほんとだ忘れていました。ごめんなさい。

●アリの表を出して

♪だんだんだあれ　いないいないばあ
ちっちゃいちっちゃいこえで
いないいないばあ

（子どもたちの反応を受けて）

そうだね、きっとアリさんだね。

♪みんないっしょに　いないいないばあ

●アリの表をクルリと裏返しながら

保育者　いないいない、ばあ！

ちっちゃいちっちゃいアリさんでした。

●表裏、表裏と何回か反転させながら

いないいない、ばあ！　アリー、ちっちゃいね
いないいない、ばあ！　アリー、ちっちゃいね

さあ、これで
全員そろいました。

●全員の表を出して

保育者　みんないっしょにいないいないばあをしましょう。

♪だんだんだあれ　いないいないばあ
いろんなこえで　いないいないばあ

さあ、いろんな声でいきますよ。

♪みんないっしょにいないいないばあ

●全員の表をクルリと裏返しながら

保育者　いないいない、ばあ！　モゾモゾ、ピヨピヨ、ニャ～オ～、ブ～、クマだー、グアオ～、アリー

いないいない、ばあ！モゾモゾ、ピヨピヨ、ニャ～オ～、ブ～、クマだー、グアオ～、アリー

また遊びましょう。

おしまい。

おへんじ はーい！

●演じる前に

子どもたちの元気な返事を促してくれるペープサートです。簡単ですから子どもたちも興味をもって見てくれます。やってみたくなる子どももいますから、遊ばせてあげてください。

●ポイント

①絵人形をすべて肩かけ段ボール舞台の中に、出しやすいようにしてセットしておきます。

②“クルリ”と反転しやすいように、絵人形と絵人形の間隔を少しあけて出します。

③子どもたちにも呼びかけて、ミミ子先生に名前を呼んでもらうようにしましょう。

●用意するもの

絵人形…キーちゃん、コンくん、ポンちゃん、メーくん、ミミ子先生

肩かけ段ボール舞台・

絵人形を入れるケース

※絵人形の作り方は110ページ、型紙は116～117ページ。

ケースの作り方は111ページ、型紙は190ページ。

肩かけ段ボール舞台の作り方は45ページ。

絵人形を入れるケース

●演じ方

1

●キーちゃん、コンくん、ポンちゃん、メーくんの絵人形の表を出して、最後にミミ子先生を出しながら

保育者 ここは、どうぶつ園のタンポポ組。お友達やウサギのミミ子先生がいますよ。
朝、お外でたくさん遊んで、みんながお部屋に集まったところです。

●ミミ子先生を動かしながら

ミミ子先生（保育者） さあ、みんな集まりましたね。これからみなさんのお名前を呼びますよ。元気にお返事してくださいね。

●ミミ子先生を動かしながら順に名前を呼ぶ

ミミ子先生　おサルのキーちゃーん。

●キーちゃんを反転させて裏を出す

キーちゃん（保育者）　はーい！

●キーちゃんを元に戻す

ミミ子先生　キーちゃん、とってもいいお返事でしたね。続いてキツネのコンくーん。

●コンくんを反転させて裏を出す

コンくん　はーい！

●コンくんを元に戻す

ミミ子先生　コンくんも元気でいいお返事でした。

ミミ子先生　タヌキのポンちゃーん。

●ポンちゃんを反転させて裏を出す

ポンちゃん（保育者）　はーい！

●ポンちゃんを元に戻す

ミミ子先生　ポンちゃんも大きな声でいいお返事でしたよ。さあ、次はヤギのメーくーん。

●メーくんを反転させて裏を出す

メーくん（保育者）　はーい！

●メーくんを元に戻す

ミミ子先生　メーくんもはっきりした声でいいお返事でしたね。

●ミミ子先生を立てる

保育者　どうぶつ園のタンポポ組さん、お返事じょうずでしたね。

（子どもたちの反応を確かめて）

そうだ、チューリップ組さんも、ミミ子先生にお名前を呼んでもらいましょう。

（自分のクラス名にしてやってみてください）

●ミミ子先生を持って、クラスの子どもの名前を呼ぶ

ミミ子先生　あおき　あおいちゃーん。

あおいちゃん　はーい！

⋮（みんなの名前を呼んでみましょう）

保育者　みんなもとってもじょうずでした。ミミ子先生にお礼を言いましょう。

子どもたち　どうもありがとうございました。

おしまい。

にらめっこしましょ

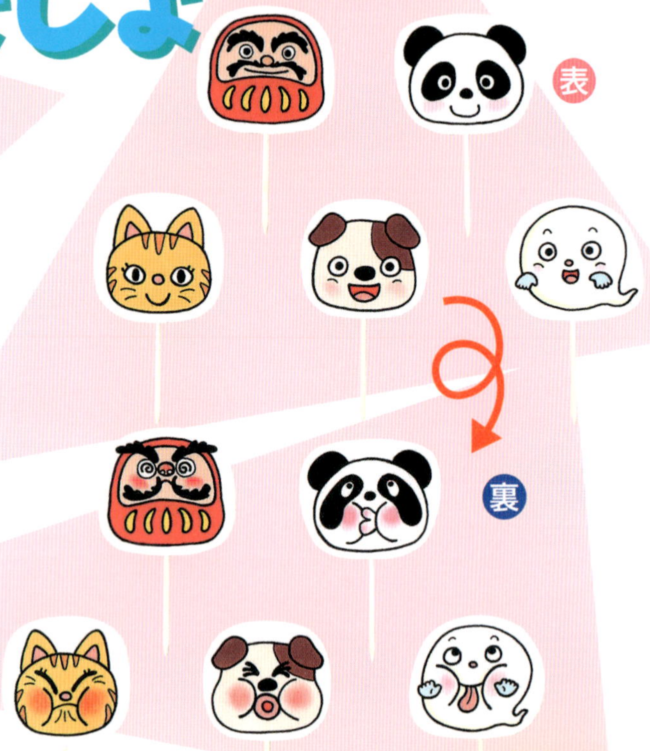

●演じる前に

ふれあい、まねっこあそびです。伝承あそび「だるまさん」のメロディで、いろいろな動物に替えて遊びます。ゆかいな表情を楽しんだり、その表情を子どもたちといっしょにまねて楽しみましょう。

●ポイント

①「だるまさん」を楽しくうたいながら、いろいろな動物のアップップーを表現しましょう。
②子どもたちの反応を見ながら、ゆかいな表現をみんなで確かめあったり、会話を楽しみましょう。
③ほかの動物で作ったり、あそびに慣れたら、2組のにらめっこあそびにも発展させてみましょう。

●用意するもの

絵人形…だるまさん、パンダちゃん、ネコちゃん、イヌちゃん、おばけちゃん
肩かけ段ボール舞台
※絵人形の作り方は110ページ、型紙は118～119ページ。
肩かけ段ボール舞台の作り方は45ページ。

●演じ方

保育者

●だるまさんの表を出して

みんなはこれが何か知っていますか？

（子どもたちの反応を受けて）

そうです、だるまさん。

だるまさんとにらめっこしましょう。

♪だるまさん　だるまさん　にらめっこ
しましょ　わらうとまけよ
アップップー

●だるまを反転させて裏返す

1

2

保育者

アップッ　プー

●だるまを反転させて裏返す

さあ、みんなもだるまさんのまねをしてみましょう。

アップッ　プー

（子どもたちの反応を見て）

はい、元通りのいいお顔にしてください。

●だるまさんの表を出して舞台に立てる

3
♪パンダさん
パンダさん

●パンダを出しながら

保育者　今度は、パンダさんとにらめっこ。
いっしょにうたってください。
♪パンダさん　パンダさん　にらめっこ
しましょ　わらうとまけよ
アップップー

●パンダを反転させて裏返す

保育者　今度はみんなでパンダさんのまねをしてみましょう。
アップップー。
（両手で輪を作るしぐさをする）
※以下、同様にネコさん、イヌさん、おばけさんと楽しみましょう。

4
目の表現

ネコさんで
アップップー
ひげ

イヌさんで
アップップー
耳

オバケさんで
アップップ～
手の表現

※「だるまさん」わらべうた

へんしん へんしん

●演じる前に

変身あそびです。♪へんしん　へんしん　へーんしん！　と、唱え歌をうたいながら遊びます。何に変身したのか、見ている子どもたちはどんなものに変身したいのか、話し合いながら楽しみましょう。

●ポイント

①♪へんしん　へんしん　へーんしん！　でタイミングよく裏返します。何に変身したのか、子どもたちの反応を待って、さまざまな会話をしてください。
②子どもたちの変身したいものを聞いて、変身ごっこに発展させてみましょう。両手を右に上げ、ぐるりと一回りさせて変身するポーズを子どもたちに伝えると、大喜びします。
③人気キャラクターのペープサートを作ったり、変身したりして遊んでも楽しいでしょう。

●用意するもの

絵人形…ネズミくん、ブタちゃん、ネコちゃん、ゾウくん
肩かけ段ボール舞台
※絵人形の作り方は110ページ、型紙は120～121ページ。
肩かけ段ボール舞台の作り方は45ページ。

●演じ方

保育者　今日は、どんな楽しいことが始まるのかな？
●ネズミの表を出しながら
これは？
（子どもたちの反応を受けて）
そうですネズミくん。何をしているのかな？踊っているのかなあ。体操しているのかなあ。泳いでいるのかなあ。ネズミくんに聞いてみましょう。
ネズミくん何しているの？

ネズミくん（保育者）　あのね、変身しているの。

保育者　変身、楽しそう。ネズミくん、ちょっと○○組のお友達にもやって見せて。

ネズミくん　いいよ。
●ネズミを軽く揺らして
♪へんしん　へんしん

2
♪へーんしん！

2

ネズミくん ●すばやく反転させながら
へーんしん！

保育者 わあ！ ネズミくん変身しました。
これは？
（子どもたちの反応を受けて）
そうです。サッカー選手。かっこいいね。
ネズミくん、サッカー好きなの？

ネズミくん うん、大好き！ 大きくなったらサッカー選手になりたいんだ。

保育者 いいなー。先生も大好きだから、今度サッカーをして遊びましょう。

ネズミくん いいよ。
●ネズミを舞台に立てる

保育者 ●ブタを出しながら
今度は？
（子どもたちの反応を受けて）
そうです。ブタちゃん。
このポーズは？
そうだね。ブタちゃんも変身だね。
ブタちゃん、変身して見せてください。

ブタちゃん（保育者） はーい！
●ブタを軽く揺らしながら
♪へんしん へんしん
●すばやく反転させながら
へーんしん！

4
リンゴちゃんよ！

保育者 これは？

ブタちゃん わたしね、リンゴが大好きなの。赤くてかわいいでしょ。だからリンゴちゃんに変身したの。
※同様に子どもたちとのやりとりを楽しみましょう。

3
♪へんしん
へんしん
へーんしん！

5
サンタさん！

わたし
お姫さま！

ちゃんと　できたよ（トイレ）

表
ドア1
ドア2
ドア3
裏

●演じる前に

トイレ指導の導入や確認に役立つペープサートです。当てっこや会話を楽しみながら演じてください。園や子どもの年齢によって指導する内容も異なりますので、実情に合わせて使いましょう。

●ポイント

①この作品で堅苦しいトイレの指導をするのではなく、ドアの向こうを想像して楽しみます。
②子どもたちの発言を引き出しながら、楽しく演じましょう。
③園のトイレに合わせた絵人形を作ってもよいでしょう。

●用意するもの

絵人形…ドア1（リス）、ドア2（ウサギ）、ドア3（クマ）
肩かけ段ボール舞台
※絵人形の作り方は110ページ、型紙は122～123ページ。
　肩かけ段ボール舞台の作り方は45ページ。

●演じ方

1

●ドア1を出しながら

保育者　ここはどこでしょう。
小さなドアがありますよ。
（子どもたちの反応を受けて）
ほんとだ、ドングリの絵がかいてありますね。
●ドア2を出しながら
今度は中くらいのドア。
そうだね、ニンジンの絵がかいてあります。
●ドア3を出して
次はまた大きなドア！
そう、大きなつぼがかいてありますね。
わかった、これははちみつの入っているつぼ。
いったいここはどこでしょう。
あらっ！
“カラカラカラカラ…”
（トイレットペーパーを引く音）
“ジャー”
（水の流れる音）
カラカラカラカラ、ジャーという音がしていますよ。

2

保育者　わかりました。ここはトイレです。
（指さしながら）このトイレも、このトイレも、
このトイレもみんな入っているようです。
いったいだれが入っているのかな？
小さいトイレにドングリの絵…。
（子どもたちの反応を受けて）
わかった。リスさんかもしれないね。
みんなで「リスさーん」と呼んでみましょう。

みんな（保育者）　リスさーん！

●ドア１を反転させてリスを出しながら

リス　はーい！

保育者　リスさんトイレじょうずにできていますか？

リス　はーい！

保育者　リスさんトイレじょうずにできているみたい。ドングリのトイレがリスさん。
それなら、この中くらいでニンジンの絵の中は？
（子どもたちの反応を受けて）
そうだね、きっとウサギさん。また、みんなで呼んでみましょう。

みんな　ウサギさーん！

●ドアを反転させてウサギを出しながら

ウサギ（保育者）　はーい！

保育者　ウサギさんもトイレじょうずにできていますか？

ウサギ　はーい！
※同様にドア３も繰り返します。

3
はーい！

みんなも
ちゃんとお水を
流せますか？

大きくなあれ!

●演じる前に

子どもたちの大好きな乗り物のペープサート。♪大きくなあれ大きくなあれ…と呪文をかけて大きくしたり、♪小さくなあれ小さくなあれ…と小さくして遊びます。

●ポイント

①会話を楽しみながら遊びましょう。
②みんなで呪文を唱えます。
③いろいろな乗り物で作ってみましょう。
※『はたらく　くるま』など、乗り物の歌をうたいながら、次々と乗り物の絵人形を出すだけでも楽しめます。サイレンの音を強調して遊ぶと、より低年齢児向きになります。

●用意するもの

絵人形…はしご消防車、救急車、パトカー、飛行機
肩かけ段ボール舞台
※絵人形の作り方は110ページ、型紙は124～125ページ。
肩かけ段ボール舞台の作り方は45ページ。

●演じ方

●はしご消防車の表(小さい方)を出しながら

保育者　あっ！みんなの大好きな乗り物が出てきました。何の車でしょう。

(子どもたちの反応を確かめて)

そうです、はしご消防車。そう、火事のときにウーカンカンカン　ウーカンカンカンと出動するんだよね。よく知ってるね。このホースから水が出るんです。そして、このはしごがビューンと伸びて、ビルの高い所まで届くんです。

(不安そうな表情をしながら)

でも、こんなにかわいい消防自動車でだいじょうぶかな。もっと大きくしましょう。先生、いい呪文を知っているんだ。

♪大きくなあれ　大きくなあれ
　ちちーん　ぷい！

と呪文をかけます。

保育者　さあ、かけますよ。

みんな　♪大きくなあれ　大きくなあれ
　ちちーん　ぷい！

●反転させて大きなはしご消防車にする

保育者　すごいでしょう。大きくてカッコいいはしご消防車になりました。

●サイレンの音を出しながら、上手から下手に動かす

※以下同様に、子どもとの会話を楽しみながら繰り返します。大きくしたものを ♪小さくなあれ、小さくなあれ と逆に小さくしても楽しいでしょう。

おあつまりに最適!遊びの要素がいっぱいのペープサート－①巻き込みペープサート

おおきな おいも

●演じる前に

みんなが協力して大きなおいもを抜きます。人数が増えるごとに動きを徐々に大きくしていきます。最後はクルリと裏返します。

●用意するもの

絵人形…巻き込みペープサート
※絵人形の作り方、型紙は126ページ。

●演じ方

●巻きこんだ状態のペープサートの、おじいさんの②面を出しながら…（29ページ参照）。

ナレーション　おじいさんが畑にさつまいもの苗を植えました。

●巻きこんだ状態の①面を出して…。

すると秋には、こんなに大きなさつまいもができました。
いったい、どのくらい大きいのか見当がつきません。
おじいさんは、早速引っぱってみることにしました。

●②面を開く。

おじいさん　うんとこしょ!　どっこいしょ!
うんとこしょ!　どっこいしょ!

●かけ声に合わせて左右に揺らす。

ナレーション　でも、さつまいもは、びくともしません。
おじいさんは、おばあさんを呼びました。

おじいさん　おばあさんや、おばあさん、大きなおいもだよ。手伝っておくれ。

●③面を開く。

おばあさん　はい、はい、手伝いますとも。

ナレーション　おじいさんの後ろにはおばあさん。

いっしょに　うんとこしょ!　どっこいしょ!
うんとこしょ!　どっこいしょ!

●かけ声に合わせて左右に揺らす。

ナレーション　それでも、さつまいもは抜けません。
おじいさんは、孫娘のゆきちゃんを呼びました。

おじいさん　ゆきちゃーん、大きなおいもだよ。手伝っておくれ。

●④面を開く。

ゆきちゃん　はあーい。

ナレーション　おじいさんの後ろにはおばあさん、その後ろにゆきちゃん。

いっしょに　うんとこしょ!　どっこいしょ!
うんとこしょ!　どっこいしょ!

●かけ声に合わせて左右に揺らす。

ナレーション　それでも、さつまいもは抜けません。
おじいさんは、犬のポチを呼びました。

おじいさん　ポチやー、大きなおいもだよ。手伝っておくれ。

●⑤面を開く。

ポ　チ　いいよ、手伝うよ。

ナレーション　おじいさんの後ろにはおばあさん、その後ろにゆきちゃん、その後ろはポチ。

いっしょに　うんとこしょ！　どっこいしょ！
うんとこしょ！　どっこいしょ！

●かけ声に合わせて左右に揺らす。

ナレーション　それでも、さつまいもは抜けません。
おじいさんは、ねこのミケを呼びました。

おじいさん　ミケや――、大きなおいもだよ。手伝っておくれ。

●⑥面を開く。

※同様にミケ、チューと続く（省略）

ナレーション　おじいさんの後ろにはおばあさん、その後ろにゆきちゃん、その後ろはポチ、ミケ、チュー。さあ力を合わせて。

いっしょに　うんとこしょ！　どっこいしょ！
うんとこしょ！　どっこいしょ！
うんとこしょ！　どっこいしょ！
うんとこしょ！　どっこいしょ！

●徐々に大きく

いっしょに　スポ――ン!

●裏返して広げる。

ナレーション　大きなおいもが抜けました。

おじいさん　おおきいなー。

おばあさん　うれしいですね。

ゆきちゃん　こんな大きなおいも、見たことない。

ポ　チ　バンザーイ!　ワンワン。

ミ　ケ　バンザーイ!　ニャンニャン。

チュー　バンザーイ!　チューチュー。

ナレーション　みんな大喜び、良かったね。

おしまい。

いない いない ばあ（おさんぽ編）

表（クイズ）

裏（答）

●演じる前に

楽しい“いない いない ばあ”のクイズ遊びです。子どもたちの反応を確かめながら、わいわい、がやがや遊んでください。

●ポイント

①絵人形の裏が答になっていますから、裏が見えないように出します。

②絵人形を動かしすぎないように、しっかり見せます。反転はすばやくしましょう。

●用意するもの

絵人形…さる、へび、きりん、あひる

※絵人形の作り方は110ページ、
型紙は127～128ページ。

●演じ方

保育者 お散歩の大好きな動物さんが、♪いない いない ばあ だれでしょね……と、出てきます。
さあ、だれか当ててください。

●さるの表面を出しながら、楽しくうたう。

♪いない いない ばあ
　だれでしょね
　いない いない ばあ
　だれでしょね。
　かおを かくした おともだち
お耳やしっぽが見えてます。

（子どもたちの反応を確かめて）

保育者　おさるさんという答が出ています。みんなもおさるさんでいいですか？

（再度、反応を確かめて）

●クルリとすばやく反転して…。

♪あたり あたり おおあたり
　おさんぽ だいすき
　おさるさん
おさるさん大当りでした。

さ　る　みんなぼくのこと当ててくれてありがとう。キッキ。おさんぽ行ってきます。

●さるの絵人形をはずして、次のへびの絵人形を手にする。

保育者　こんどの動物さんは、草と石の陰みたい。
♪いない いない ばあ
　だれでしょね
　いない いない ばあ
　だれでしょね
　かおを かくした おともだち
さあ、だれでしょう。

（子どもたちの反応を確かめて）

えっ、へびさん!

いないいないばあ

作詞・阿部　恵／作曲・家入　脩

4
おさんぽ
いってきます。

（再度、反応を確かめて）
●かけ声と共に裏返す。

保育者　いち、にの、さん!
ほんとだ、頭としっぽが見えていたんだね。
♪あたり あたり おおあたり
　おさんぽ だいすき へびさん

へ　び　ニョロ、ニョロ、ニョロ。おさんぽに行ってきます。
●へびの絵人形をはずして、次のきりんの絵人形を手にする。

保育者　♪いない いない ばあ
　だれでしょね
　いない いない ばあ
　だれでしょね
　かおを かくした おともだち
さあ、だれだ。
（子どもたちの反応を確かめる）
きりんさん？　どうして？
（再度、反応を確かめて）

5
さあ、だれだ。

6
ぼくの首の
長いのはね

保育者　なるほどね。体の模様。それから、首が長そう。
ほんとだ、木の上から少し見えてるね。
●クルリと裏返して
♪あたり あたり おおあたり
　おさんぽ だいすき きりんさん

きりん　ありがとう、僕のこと当ててくれて。
僕の首の長いのはね、高い木の葉も食べれるように長いんだよ。
おさんぽ行ってきます。

7

あら、なかよし池ですって。
なかよしいけ
こうえん

●きりんの絵人形をはずして、あひるの絵人形を出す。

保育者　あらっ？こんどは、少しむずかしそう。
なかよし池ですって。
さあ、だれでしょう。
♪いない いない ばあ
　だれでしょね
　いない いない ばあ
　だれでしょね
　かおをかくした おともだち
（子どもたちの反応を確かめる）

アヒルかな？
ライオンかな？

8

はずれ、はずれ、おおはずれ。

保育者　ライオンさんとあひるさんと両方出ています。
どっちかな。ライオンさん。
（再度、反応確かめて）
♪はずれ はずれ おおはずれ
●裏返しながら
　おさんぽ だいすき あひるさん
あひるさんでした。
でも、手のところはライオンさんにも似ていたね。○○ちゃん、いいところに気が付いたね。

今日の「いない いない ばあ」はこれでおしまい。みんなが喜んでくれたから、先生またつくってきますね。

すきですか きらいですか

●演じる前に

想像力、思考力を発揮しながら楽しく遊べます。保育社のヒントの出し方、導き方でうんと盛り上がります。♪すきですか きらいですか…と元気よく始めましょう。

●ポイント

①最初はみんなで、イメージしたり、考えたりする楽しさを知らせるようにします。
②ヒントになる質問は、あらかじめ考えておくとよいでしょう。
③慣れたら、絵人形をたくさんつくって、一人ずつ遊ぶと楽しいでしょう。

●用意するもの

絵人形…ドーナッツ・カメラ・おにぎり
※絵人形の作り方は110ページ、
型紙は129～130ページ。

表（クイズ）

裏（答）

●演じ方

●体の後ろに、絵人形をかくして立つ。

保育者 先生、いま後ろに、何かを持っています。
●サッと出す。
ほらっ!
（子ども達の反応を受けて）
そうだね。何かの影みたいだね。みんなに、この影が何か考えてほしいんだ。
（子ども達の反応を受けて）
タイヤ、お皿、ドーナッツ…。

保育者　いろいろ考えてくれていますね。
それでは、これから質問してみましょう。
●動作も入れながら、楽しくうたう。
♪すきですか きらいですか
　みなさん よく かんがえて
これが好きだと思う人、手をあげてください。
嫌いだと思う人。
こんどは、これを聞いてみましょう。
♪かたいですか やわらかいですか
　みなさん よく かんがえて
どちらかな。
（子どもたちの反応を確かめて）

保育者　最後の質問です。これで当ててください。
♪たべられますか たべられませんか
　みなさん よく かんがえて
（子どもたちの反応を確かめて）
さあ、これはいったい何ですか？
「タイヤ」「ドーナッツ」「うきわ」
「おさら」……

保育者　いち、にの、さんで答をだします。
いち、にの、さん!
●すばやく裏返す。
ドーナッツでした!

動　作

①すきですか
親指と人さし指で輪をつくり左右に振る。

②きらいですか
手を広げて振りイヤ、イヤのポーズをする。

③みなさん よく かんがえて
人差し指を頭に当てて、考えるポーズをする。

すきですか きらいですか

作詞・阿部　恵／作曲・家入　脩

●カメラの絵人形を持って、影を出す。

保育者　次は、これです。
♪すきですか きらいですか
　みなさん よく かんがえて
（子どもたちの反応を確かめて）
さあ、これはいったい何でしょう。
たくさん質問しますよ。その中から、答えを考えてくださいね。

●同様にうたいながら質問を出す。

♪たかいですか　ひくいですか ……
♪かたいですか　やわらかいですか ……
♪ひかりますか　ひかりませんか ……

保育者　♪うつせますか うつせませんか
　みなさん よく かんがえて
（子どもたちの反応を確かめて）
いち にの さん!

●すばやく裏返す。

はい、カメラでした。
当たった人？
当たらなかった人？
ビルという人もいましたね。
当たった人はどのへんでわかりました？
（楽しい会話を交わす）

9

保育者　こんどは、一人で当ててもらいましょう。
他の人は、頭の中だけで考えて、声に出して言わないでください。
（やりたい子を一人選んで前に出す）
みゆきちゃんが出てくれました。
♪すきですか きらいですか
　みゆきちゃん よく かんがえて
さあ、みゆきちゃん、どっちですか？

みゆきちゃん　好きです。

保育者　みゆきちゃんは、好きだそうです。

保育者　♪おおきいですか ちいさいですか
　みゆきちゃん よく かんがえて

みゆきちゃん　大きい!

保育者　好きで、大きいそうですよ。
♪のぼれますか のぼれませんか
　みゆきちゃん よく かんがえて
みゆきちゃん こんどはどうですか？

みゆきちゃん　登れる。

保育者　好きで、大きくて、登れる。
何かな……。最後の質問です。

10

11

保育者　♪のりをまきますか まきませんか
　みゆきちゃん よく かんがえて

みゆきちゃん　む……………、まく。

保育者　好きで、大きくて、登れて、のりを巻く。
さあ、みゆきちゃん何でしょう。

みゆきちゃん　おにぎり!
●かけ声をかけながら、裏返す。

保育者　いち にの さん!
おにぎり!
みゆきちゃん大当り!　拍手!
みゆきちゃんどこでわかったの？

みゆきちゃん　最初は山だと思ったんだけど、のりのところでわかっちゃった。

保育者　みゆきちゃんすごい!
どうもありがとう。

おしまい。

おりがみでつくる新しくてカンタンなペープサート－❶

チューリップ・ちょうちょう

●演じる前に

おなじみの歌です。表情豊かに子どもたちとの掛け合いを楽しみながら演じましょう。

●用意するもの

絵人形…チューリップ（赤・白・黄色）・ちょうちょう （ピンク・青）
肩かけ段ボール舞台
※紙人形の作り方は131ページ。
肩かけ段ボール舞台の作り方は45ページ。

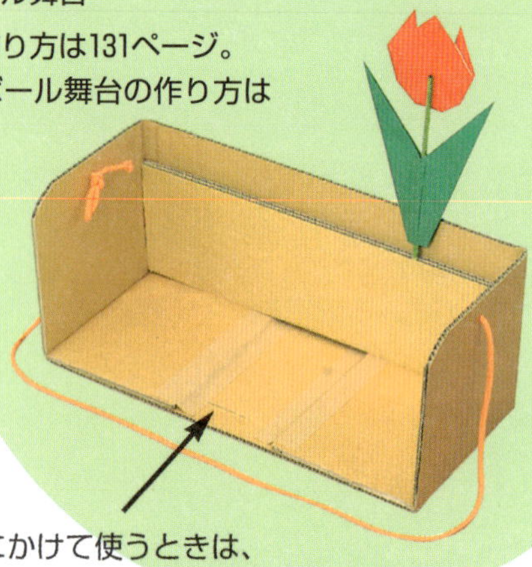

肩にかけて使うときは、ここに絵人形を置きます

●演じ方

保育者　みんなの大好きなお歌をうたいましょう。何の歌か、クイズを出しますよ。“クイズ クイズ”

子ども　“なあにが クイズ”

保育者　赤・白・黄色、かわいいコップのお花はなあに？

子ども　チューリップ

●赤色のチューリップを取り出しながら…。

保育者　そうです。ほら、チューリップ。さあ、いっしょに「チューリップ」の歌をうたいましょう。

●うたいながら、肩かけ段ボール舞台の目（P.45-④及び、P.3 右上の写真参照）に赤・白・黄色とチューリップを立てる。

保育者
子ども ♪さいた さいた
チューリップの はなが
ならんだ ならんだ
あか しろ きいろ
どのはなみても きれいだな

保育者 じょうずにうたえました。チューリップさん きれいだね。それに、とてもうれしそうです。もう一度うたってあげましょう。
（もう一度うたう）

●曲の最後のほうで、青のちょうちょうを出して、チューリップの上で飛ばす。

保育者 チューリップがきれいに咲いたので、ちょうちょうさんもやってきましたよ。

●ピンクのちょうちょうもいっしょに出して、飛ばしながらうたう。

こんどは、「ちょうちょう」の歌もうたってみましょう。

保育者
子ども ♪ちょうちょう ちょうちょう
なのはに とまれ
なのはに あいたら
さくらに とまれ
さくらの はなの はなから はなへ
とまれよ あそべ あそべよ とまれ

保育者 ちょうちょうさんは菜の花や桜の花も好きだけど、チューリップも大好きなんだって。さあ、みんなもこんなかわいいペープサートをつくってみましょう。

おしまい。

※「チューリップ」作詞・近藤宮子／作曲・井上武士
「ちょうちょう」作詞・野村秋足、稲垣千頴／スペイン民謡

おりがみでつくる新しくてカンタンなペープサート－2

いぬのおまわりさん

●演じる前に

お話仕立ての構成になっています。やさしく歌いながらそれぞれの心情を表現しましょう。

●用意するもの

絵人形…いぬ・こねこ・からす・すずめ・お母さんねこ
肩かけ段ボール舞台
※絵人形の作り方は132ページ。
　肩かけ段ボール舞台の作り方は45ページ。

前面にセロハンテープを丸めてはりつける
だけでいろんなパターンに使えます

●演じ方

1

●こねこを出して、悲しげに鳴きながら…。

こねこ　ニャーン ニャン ニャン ニャーン ニャン ニャン

保育者　あら？　こねこちゃんどうしたの。お母さんとはぐれてしまったの。

こねこ　ニャーン ニャン ニャン ニャーン ニャン ニャン

保育者　困ったね。こねこちゃん泣いてばかり。あっ、犬のおまわりさんが来てくれたみたい。

●犬のおまわりさんを登場させる。

保育者　おまわりさーん、こねこちゃん迷子のようなんです。

犬のおまわりさん　はい、はい。まかせてください。

●犬のおまわりさんとこねこを、歌詞に合わせて動かしながら「いぬのおまわりさん」をうたう。

♪まいごの まいごの こねこちゃん
あなたのおうちは どこですか
おうちをきいても わからない
なまえをきいても わからない
ニャンニャン ニャンニャーン ┐
ニャンニャン ニャンニャーン │
ないてばかりいる こねこちゃん │※
いぬのおまわりさん こまってしまって │
ワンワンワンワーン ワンワンワンワーン ┘

●こねこと犬のおまわりさんを、舞台に立てながら…。

犬のおまわりさん　困ったな——。そうだ、からすくんやすずめさんに聞いてみよう。

●からすとすずめを持って歌詞を合わせて動かしながら…。

♪まいごの まいごの こねこちゃん
このこのおうちは どこですか
からすにきいても わからない
すずめにきいても わからない
※繰り返す

●からすとすずめ退場させ、犬のおまわりさんを持って…。

犬のおまわりさん　だめか。からすくんやすずめさんなら知っていると思ったのにな——。

お母さん　みいちゃーん。みいちゃーん。

●こねこのお母さんを出す。

こねこ　お母さん!

お母さん　あっ、みいちゃん。見つかって良かった。おまわりさん、ありがとうございました。

犬のおまわりさん　お母さんですか。このこは、みいちゃんですか。
みいちゃん、お母さんが来てくれて良かったね。

おしまい。

※「いぬのおまわりさん」作詞・さとうよしみ／作曲・大中 恩

げんこつやまの たぬきさん

●演じる前に

ジャンケン遊びです。事前にチャンピオン用のペンダントをつくっておくと盛り上がります。

●用意するもの

絵人形…たぬき・きつね・こぶた・グー・チョキ・パー（ジャンケンカード）
小道具…チャンピオン用ペンダント
肩かけ段ボール舞台（げんこつの形の山の絵をはる）
※絵人形、チャンピオン用ペンダントの作り方は133ページ。
　肩かけ段ボール舞台の作り方は45ページ。

●演じ方

保育者　今日のペープサートは、どんな歌かな、お話かな。ここにお山があるね。何かの形をしていますよ。

（子どもたちの反応を受けて）

ほんとだ、げんこつの形をしています。

●たぬきを登場させる。

たぬき　やあ！　みんな、こんにちは。ぼくは、げんこつやまのたぬきだよ。
ぼくがジャンケン大好きなこと、知っているよね。

（子どもたちの反応を受けて）

ぼくといっしょにジャンケンで遊ぼう！
「げんこつやまのたぬきさん」の歌でジャンケンだよ。

たぬき　さん、ハイッ！

●たぬきを軽快に動かしながら歌う。子どもたちには、手遊びの動作をしながら歌うように促す。

♪げんこつやまの たぬきさん
　おっぱいのんで ねんねして
　だっこして おんぶして またあした

●「♪またあした」でタイミングよく、ジャンケンの絵人形を出す。

ぼくは、パーだよ。
勝った人！
あいこの人！（子どもたちの反応を確かめながら）
負けた人！

3

たぬき みんな元気いいね。よし、こんどは、最初は全員立ってジャンケンして、勝った人だけ残るよ。あいこや負けた人は座ります。最後まで残った人がチャンピオン!

●ペンダントを取り出しながら…。

このチャンピオンペンダントをあげます。

たぬき 第1回、げんこつ山のたぬき杯、ジャンケン大会のはじまり——!

●「げんこつやまのたぬきさん」の歌でジャンケンをして、勝った人だけ残って続ける。
最後2～3人残ったら、そのメンバーでジャンケンをして、1人チャンピオンを決める。
(省略)

4

4

たぬき チャンピオンは、あんどう みほちゃんです。拍手!

●表彰のBGMをみんなで歌って祝福する。

5

保育者 今日は、これでおしまい!、今度はきつねさんやこぶたさんとも遊ぼうね。みんな、またね!

※「げんこつやまのたぬきさん」わらべうた

こぶたぬきつねこ

●演じる前に

楽しく歌った後に、しりとり遊びに発展します。
ことばに対する関心を高めましょう。

●用意するもの

絵人形…こぶた・たぬき・きつね・ねこ
肩かけ段ボール舞台
※絵人形の作り方は134ページ。
肩かけ段ボール舞台の作り方は45ページ。

●演じ方

保育者 みんなのよく知っている動物さんが登場しますよ。後からついて歌ってください。

● 「こぶたぬきつねこ」をゆっくり歌いながら、こぶた・たぬき・きつね・ねこを登場させて、舞台に立てる。

♪こぶた（こぶた）
たぬき（たぬき）
きつね（きつね）
ねこ　（ねこ）

●指さしながら

こぶた（こぶた）
たぬき（たぬき）
きつね（きつね）
ねこ　（ねこ）

♪ブーブブー　（ブーブブー）
ポンポコポン（ポンポコポン）
コーンコン　（コーンコン）
ニャーオ　　（ニャーオ）
ブーブブー　（ブーブブー）
ポンポコポン（ポンポコポン）
コーンコン　（コーンコン）
ニャーオ　　（ニャーオ）

●鳴き声の歌詞に合わせて、立ててある人形を前後に動かす。

保育者　「こぶたぬきつねこ」楽しい歌だね。この曲は、こぶた、たぬき、きつね、ねこ、またこぶた、たぬき……と、ずっとしりとりになっているんだね。こぶたさん。

●こぶたを持って…。

こぶた　そうだよ。僕ね、いいこと考えたんだけど、ゆり組さんと僕たちこぶたぬきつねこ組でしりとり遊びをしないかい？

●動物たちを動かしながら…。

たぬき　さんせい。

きつね　おもしろそうだね。

ね　こ　やろう、やろう。

保育者　みんなは、どう？

（子どもたちの反応を受ける）

こぶた　よかった。僕からいくよ。
おだんご。

保育者　おだんごの“ご”だって、みんなはどう？
みんなのをまとめてください。

子ども　ごりら。

●こぶた、たぬき、きつね、の順に1体ずつ持って…。

たぬき　僕の番だね。ららら……らっぱ。

子ども　パイナップル。

きつね　ルルルルル……るすばん。ごめん、ねこちゃん。「ん」て言っちゃった。

（子どもたちの反応受けて）

ね　こ　じゃあ今度は、みんなから言ってね。

（以下同様に続けてみましょう。このペープサートがしりとりや、ことばあつめゲームを思い出させる存在になると、いつでも楽しめます。）

※「こぶたぬきつねこ」作詞・作曲／山本直純

にんじん・だいこん・ごぼう

●演じる前に

ゆかいな、なぜなに話。表裏の変化が最大の見せ場です。絵人形を出したり、動かしたりするときに裏が見えないように注意しましょう。

●用意するもの

絵人形…こげちゃ色のにんじん（オレンジ色のにんじん）・こげちゃ色のだいこん（白のだいこん）・ごぼう・お風呂・あわ他

肩かけ段ボール舞台

※絵人形の作り方は135ページ。

肩かけ段ボール舞台の作り方は45ページ。

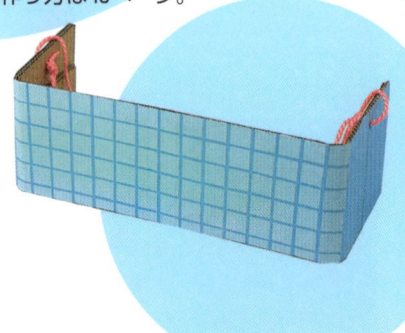

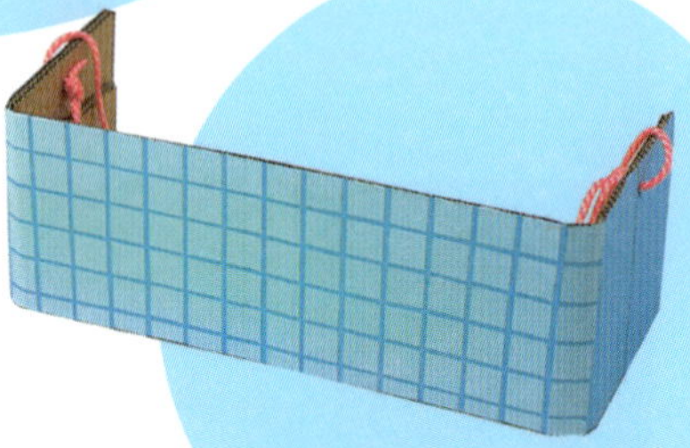

●演じ方

●こげちゃいろのにんじん、だいこん、ごぼうを出して、立てながら…。

ナレーション	むかし、むかしのおはなしです。ある畑ににんじんとだいこんとごぼうが住んでいました。みんな土の色です。
	●話す絵人形を立てたまま、少し動かしながら…。
にんじん	だいこんくん、どうだいお風呂という所に一度行ってみないかい。とっても気持ちがいいそうだよ。
だいこん	いいね、体をみがいてきれいにしてみたいね。
にんじん	おーい、ごぼうくんも行かないかい。
ご ぼ う	遊べるところなら行ってもいいよ。
	●舞台を少し揺らしながら…。
ナレーション	3人は畑の道を歩いて、お風呂屋さんまでやってきました。

ナレーション　さあ、お風呂屋さんの中では、だいこんさんが…。

●だいこんを残して、にんじんとごぼうをはずす。

だいこん　よし、体をみがいてきれいになるぞ。

●あわを持って、体を洗うように…。

ゴシゴシ　ゴシゴシ　ゴシゴシゴシゴシ
背中も　ゴシゴシ　ゴシゴシ……。

●だいこんとあわをはずしながら…。

ナレーション　だいこんは、一生懸命洗っていました。

●ごぼうを出しながら…。

ナレーション　ごぼうさんは、というと……。

●ごぼうを左右に動かしながら…。

ご ぼ う　広くて気持ちがいいな。よし、すべってみようセーの、ツ――。セーのツ――。
おもしろい。こんどは水をかけてみよう。

●紙吹雪をまきながら…。

ソレ――。ソレ――。
やあ、お風呂っておもしろいな。

●ごぼうをはずしながら…。

ナレーション　ごぼうは、遊んでばかりいました。

●にんじんを出しながら…。

ナレーション　もう一人のにんじんさんは…。

にんじん　お風呂に入って、ゆっくり温まろう。

●お風呂を出して立てる。

ナレーション　にんじんさんは、お風呂にザブーンと入りました。その、気持ちのよかったこと。

にんじん　何ていい気持ちだろう。もう、ずっと、お風呂の中でもいいくらいだ。

●にんじんとお風呂をはずしながら…。

ナレーション　にんじんは、お風呂の中にばかり入っていました。

ナレーション　さあ、お風呂からあがる時間になりました。

●白くなっただいこんを出しながら…。

だいこん　ああ、さっぱりした。こんなにピカピカ!

●ごぼうを出しながら…。

ご ぼ う　お風呂楽しかったな、また遊びに来よう!

●オレンジ色のにんじんをフラフラ出しながら…。

にんじん　お風呂に入りすぎちゃった。のぼせて、体が赤くなっちゃった。もう、フラフラ!

ナレーション　それからというもの、にんじんは、オレンジっぽい赤色、だいこんは白、ごぼうは元の土の色のままになったんだって。

おしまい。

●肩かけ段ボール舞台の作り方

※工程⑤のひもを付けずに、
卓上舞台としても使えます。

用意するもの

- ●段ボール箱
- ●カッターナイフ
- ●定規
- ●ガムテープ
- ●接着剤
- ●綿ロープ
- ●色画用紙

①段ボール箱を、図のように切ります。

15～20㎝
くらい
約50㎝くらい
がよい

②半分くらいを切り落とします。

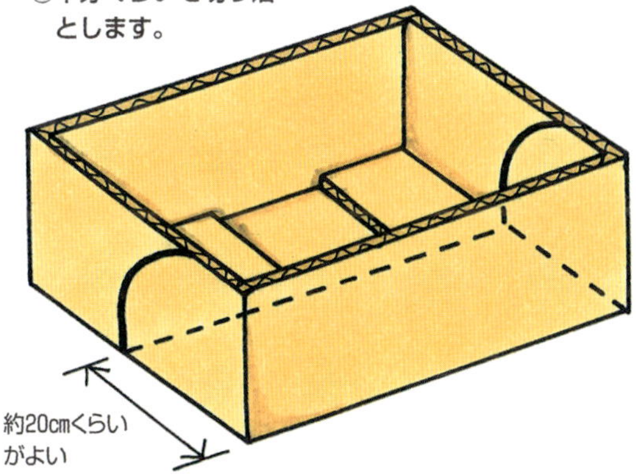
約20㎝くらい
がよい

③浮いている部分をクラフトテープで留めます。

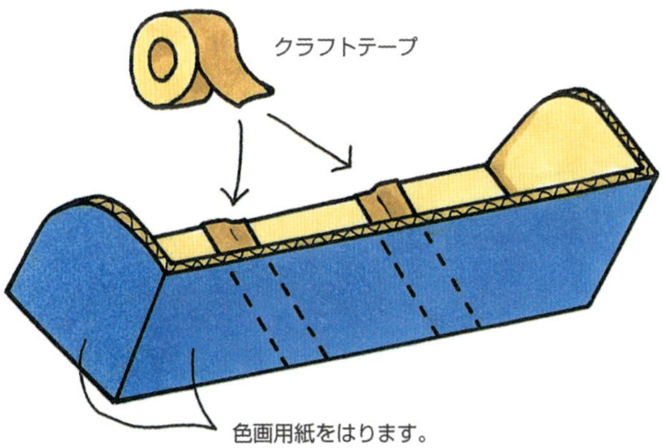
クラフトテープ
色画用紙をはります。

④内側にくしをさす部分をつけます。

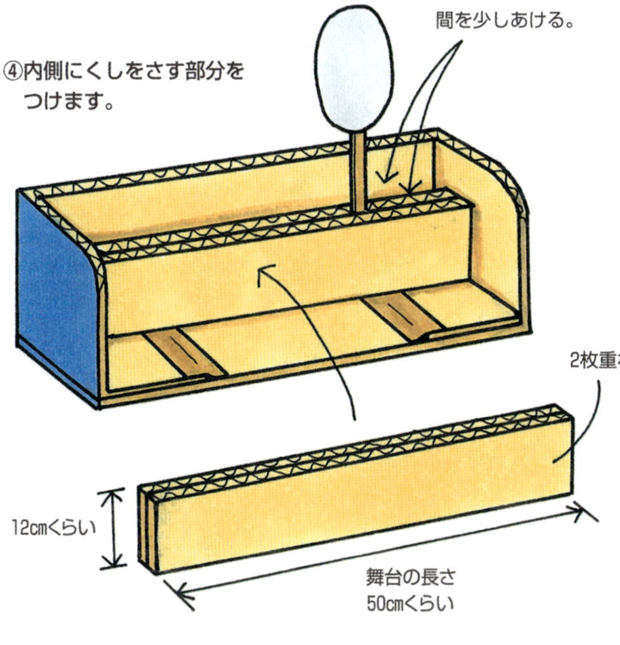
間を少しあける。
2枚重ね
12㎝くらい
舞台の長さ
50㎝くらい

⑤肩にかけられるように綿ロープをつけて出来上がりです。

綿ロープを
つける
絵人形を
置いておく

クイズ・ゲームのペープサート－❶

だれのはな

だれのはな　阿部　恵・作詞／中郡利彦・作曲

はなはな　はなはな　だれ
の　はな　はなはな
はなはな　ぶたの　はな

●演じる前に

あれ？　だれの鼻…。“クルリ”と裏返してもまだわかりません。絵人形の串を、両手のひらで“クルクル”と回すと、これはゆかい。答えが見えてきます。

●ポイント

①クルクル回すと残像作用によって、答えが現れるゆかいなペープサートです。子どもたちと確かめながら遊んでみましょう。
②一度に全部やってしまうのではなく、少しずつやってみます。
③子どもたちもやってみたくなりますから、手のひらで回すコツを伝えてください。

表
鼻1
耳1
目1
足1
鼻2
耳2
目2
足2
裏
ブタ
ウサギ
ネコ
アヒル
コアラ
ネズミ
パンダ
タコ

●用意するもの

絵人形…鼻1(ブタ)・鼻2(コアラ)・耳1(ウサギ)・耳2(ネズミ)・目1(ネコ)・目2(パンダ)・足1(アヒル)・足2 (タコ)
絵人形を入れるケース
※絵人形の作り方は110ページ、型紙は136～139ページ。
ケースの作り方は111ページ、型紙は190ページ。

だれのはな
絵人形を入れるケース

●演じ方

1
♪はなはな
はなはな
だれのはな

保育者

●ケースを手に持って

ゆかいなペープサートで遊びましょう。「だれの　はな」とかいてありますよ。

●鼻1（ブタ）の絵人形の表を出して

大きな鼻が出てきました。

♪はな　はな　はな　はな　だれのはな

さあ、だれの鼻だと思いますか？

（子どもたちの反応を受けて）

ブタさんの鼻。先生もそう思うわ。

2
あらっ？！

保育者　答えを見てみましょう。それ！
●すばやく裏返す
あらっ？！　これはだれかしら…。
（子どもたちの反応を受けて）
そうです。鼻がありません。どうしたのかな。いったいだれでしょう…。

3
はな　はな　はな　はな

保育者　さあ、見ていてくださいよ。
●絵人形の串を両手のひらで挟むように持って、両手をこすり合わせて回す
♪はな　はな　はな　はな　ブタのはな
●回しながら
ブタさんが見えますか？
ブタさん。大当たりです。
※鼻２（コアラ）も同様に行なう

●耳１（ウサギ）の絵人形の表を出しながら
保育者　今度は耳ですよ。
長い耳ですね。
♪みみ　みみ　みみ　みみ　だれのみみ
この耳は、だれの耳でしょう。
（子どもたちの反応を受けて）
ウサギさんの耳。そんな感じがしますね。

4
ながい　みみ
ですね。

保育者　裏返してみますよ。それ！
●すばやく裏返す
かわいいお顔です。このお顔にあの耳がついたら…。
（子どもたちの反応を受けて）

5
かわいい
お顔です。

保育者　やっぱり、ウサギさんかな。
いっしょにうたってください。
●同様に両手をこすり合わせて回す
♪みみ　みみ　みみ　みみ　ウサギのみみ
●回しながら
ウサギさんが見えますか。
ウサギさんに拍手！
※耳２（ネズミ）も同様に行なう

6

ウサギさんが
見えますか？

●目１（ネコ）の絵人形の表を出しながら
保育者　今度は目ですよ。だれの目かな？
♪め　め　め　め　だれのめ
さあ、わかりますか。
（子どもたちの反応を受けて）
ネコさんの目、人の目、怪獣の目、ちょっと難しいね。

7

8

保育者　裏を見てみましょう。クルリ！
●ゆっくり裏返す
これは、人ではないし、怪獣でもありません。
（子どもたちの反応を受けて）

9

ネコさんでした！

保育者　ネコさんかな。いっしょにうたってください。
●同様に両手をこすり合わせて回しながら
♪め　め　め　め　ネコのめ
ネコさんでした。
ネコさんにも拍手！
ネコさんの目は、夜もよく見えるんだって。
※目２（パンダ）も同様に行なう

10
こんどは
あしで…

保育者

●足 1（アヒル）を出しながら

今度は足で当ててください。

♪あし　あし　あし　あし　だれのあし

この足はだれの足でしょう。

（子どもたちの反応を受けて）

アヒルさんかな？

保育者

裏返してみますよ。クルリ！

●ゆっくり裏返す

アヒルさんでいいですか。

（子どもたちの反応を受けて）

11
クルッ！

保育者

それでは、いっしょにうたってください。

●同様に両手をこすり合わせて回しながら

♪あし　あし　あし　あし　アヒルのあし

アヒルさんの足でした。拍手！

※足 2（タコ）も同様に行なう

タコさんでもこの通り。

クイズ・ゲームのペープサート－②

ごちそうパーティー

●遊ぶ前に

これは楽しいごちそうパーティー。『花いちもんめ』のごちそうバージョンです。机の周りに子どもたちがどんどん集まってきます。２グループに分かれて相談しながら遊びましょう。

●ポイント

①ごちそうの中から、それぞれ５～６本の絵人形を選んで卓上段ボール舞台にさします。
②ごちそうの絵人形は、子どもたちが好きなものを作っても楽しいでしょう。
③いつでも自由に遊べるように、舞台や絵人形を置くコーナーを作っておきましょう。
④まだジャンケンができない低年齢児のときは、レストランごっこにして、子どもたちにお客さんになってもらいましょう。何が欲しいのか、ちゃんと言えるかな？（歌がなくてもＯＫです）。子どもたちが舞台の前に座り、注文します。保育者は注文を受けたものを舞台に立てていきます。

ごちそうパーティー 阿部　恵・作詞※わらべうた『花いちもんめ』のメロディーでうたう。

かってうれしい　ごちそうパーティー
まけてくやしい　ごちそうパーティー
となりのおばさん　ちょっときておくれ
おなかいっぱい　いかれない
いぐすりのんで　ちょっときておくれ
いぐすりきらして　いかれない
くるまにのって　ちょっときておくれ
くるまこしょうで　いかれない
あれが　ほしい
あれじゃ　わからん
これが　ほしい
これじゃ　わからん
そうだん　しよう
そうしよう ↗

↗きーまった！
きーまった！

○○○○が　ほしい
○○○○が　ほしい

ジャン　ケン　ポン！

●用意するもの

卓上段ボール舞台（2台）
絵人形…お子様ランチ・カレーライス・オムレツ・ハンバーガー・ラーメン・おすし・おむすび・うどん・焼きそば・イチゴ・メロン・バナナ・ドーナッツ・ケーキ・アイスクリーム・ジュース（すべて「表」だけです）
絵人形を入れるケース・幼児用机
※絵人形の作り方は110ページ、型紙は140～146ページ。
ケースの作り方は111ページ、型紙は190ページ。
卓上段ボール舞台の作り方は45ページ（①～④まで）。

絵人形を入れるケース

卓上段ボール舞台

※45ページの肩かけ段ボール舞台のひもを付けずに、前面をテーブルクロス風に飾りつけます。

●遊び方

保育者　ごちそうパーティーで遊びましょう。

●舞台を2台出す

ここにテーブルが2台あります。ごちそううもたくさんありますから、順番にテーブルに並べてください。

●ごちそうの絵人形を出して、交互に好きなごちそうを一つずつ取ってテーブル舞台に同数立てる

五つずつごちそうが出ましたね。それでは両方の代表ひとりがジャンケンします。

1 ●ジャンケンする

勝った方が先にうたいます。

2 ●ごちそうを並べた段ボール舞台を、交互に前後に動かしながらうたう
（『花いちもんめ』のメロディーで、同様に）

Aチーム　♪かってうれしい　ごちそうパーティー

3

Bチーム　♪まけてくやしい　ごちそうパーティー

Aチーム　♪となりのおばさん　ちょっときておくれ

Bチーム　♪おなかいっぱい　いかれない

Aチーム　♪いぐすりのんで　ちょっときておくれ

Bチーム　♪いぐすりきらして　いかれない

Aチーム　♪くるまにのって　ちょっときておくれ

Bチーム　♪くるまこしょうで　いかれない

Aチーム　♪あれが　ほしい

Bチーム　♪あれじゃ　わからん

Aチーム　♪これが　ほしい

Bチーム　♪これじゃ　わからん

Aチーム ♪そうだん　しよう

Bチーム ♪そうしよう

4

●どのごちそうが欲しいか、A・Bチームそれぞれ相談する

Aチーム ♪きーまった！

Bチーム ♪きーまった！

●同様に段ボール舞台を交互に前後に動かしながら

Aチーム ♪ハンバーガーが　ほしい

Bチーム ♪カレーライスが　ほしい

5

●代表者がそれぞれ相手に欲しいと言われた食べ物を持ってジャンケンする

いっしょに ジャン　ケン　ポン！

Bチーム 勝った！

6

Aチーム 負けた…。

●勝ったBチームは、Aチームからカレーライスをもらって立てる

●二回戦はBチームから始める

●同様にうたいながら、Bチームが前へ、Aチームが後ろへと、交互に動かしながら

Bチーム ♪かってうれしい　ごちそうパーティー

Aチーム ♪まけてくやしい　ごちそうパーティー

Bチーム ♪となりのおばさん　ちょっときておくれ

Aチーム ♪おなかいっぱい　いかれない

7

Bチーム　♪いぐすりのんで　ちょっときておくれ

8

Aチーム　♪いぐすりきらして　いかれない

Bチーム　♪くるまにのって　ちょっときておくれ

Aチーム　♪くるまこしょうで　いかれない

Bチーム　♪あれが　ほしい

Aチーム　♪あれじゃ　わからん

Bチーム　♪これが　ほしい

Aチーム　♪これじゃ　わからん

Bチーム　♪そうだん　しよう

Aチーム　♪そうしよう

●同様にそれぞれ相談する

Bチーム　♪きーまった！

Aチーム　♪きーまった！

Bチーム　♪ラーメンが　ほしい

Aチーム　♪ケーキが　ほしい

●同様に代表者が相手に欲しいと言われた食べ物を持って
ジャンケンする

いっしょに　ジャン　ケン　ポン！

9

Bチーム　勝った！

Aチーム　また負けちゃった…。

●繰り返して遊ぶ

チョキチョキ　かにさん

●演じる前に

切り紙名人のカニさんが、いろんな色でたくさんの形を作ってくれます。毎回違った切り紙を用意すると、なんどでも遊べます。子どもたちもやってみたくなりますよ。

●ポイント

①軽快にうたいながら遊びましょう。歌の間に子どもたちとの掛け合いも入ります。
②折り紙の裏には出来上がりがはってありますから、子どもたちに見えないように出しましょう。
③子どもたちに、切り紙の楽しさを知ってもらうのもねらいのひとつです。切り紙あそびにも発展させてみましょう。

●用意するもの

絵人形…カニ・折り紙（赤・青・ピンク・いろんな色）
絵人形を入れるケース
※絵人形の作り方は110ページ、型紙は147〜149ページ。
ケースの作り方は111ページ、型紙は190ページ。

チョキチョキ　かにさん　阿部　恵・作詞／中郡利彦・作曲

絵人形を入れるケース

●演じ方

●カニの絵人形を出しながら

保育者　カニさんがいますよ。このカニさん、ご自慢のハサミで折り紙を切る、“切り紙名人”なんです。ちょっとごあいさつしてもらいましょう。カニさん、お願いします。

カ　ニ（保育者）　やあ、○○組さんこんにちは。ぼく、切り紙が大好きなんだ。ぼくの腕前を見てください。

保育者　それでは見せてもらいましょう。
♪チョキ　チョキ　チョッキン　かにさんが

●表裏返しながら楽しくうたう

●赤い折り紙の表を出しながら

保育者　♪あかい　おりがみ　きりました

●カニを赤い折り紙の周りで動かしながら

♪チョキ　チョキ　チョキ
チョキ　チョキ　チョキ

さあ、何が切れたのかな。いいにおいがしてきましたよ。

（子どもたちの反応を受けて）

子どもたちといっしょに　カニさん、できましたか？

カ　ニ　はい、できましたよ。

●赤い折り紙を裏返しながら

保育者　♪チョキ　チョキ　チョッキン　りんごです

おいしそうなリンゴが切れました。カニさん、すごい。

カ　ニ　どうもありがとう。今度は、青い折り紙を切ろうかな。

保育者　今度は青い色で、何か切ってくれるそうですよ。

●カニを同様に動かしながら

♪チョキ　チョキ　チョッキン　かにさんが

●青い折り紙の表を出す

♪あおい　おりがみ　きりました
チョキ　チョキ　チョキ
チョキ　チョキ　チョキ

今度は何が切れたのでしょう。

（子どもたちの反応を受けて）

子どもたちといっしょに　カニさん、いいですか？

カ　ニ　はい、できました。

●青い折り紙を裏返しながら

保育者 ♪チョキ　チョキ　チョッキン　ひこうきよ
かっこいい飛行機が切れました。ジャンボジェットかな。乗ってみたいね。

カ　ニ 今度は、何色を切ろうかな。そうだ、ピンクを切りましょう。

保育者 次は、ピンク色ですって。
●カニを同様に動かしながら
♪チョキ　チョキ　チョッキン　かにさんが
●ピンクの折り紙の表を出す
♪ピンクの　おりがみ　きりました
チョキ　チョキ　チョキ
チョキ　チョキ　チョキ
今度は、何かな。

（子どもたちの反応を受けて）

子どもたちといっしょに カニさん、いいですか？

カ　ニ はい、いいですよ。
●ピンクの折り紙を裏返しながら

保育者 ♪チョキ　チョキ　チョッキン　うさぎさん
まあ、かわいいウサギさん。カニさんて、天才！

カ　ニ うれしいな、褒めてもらって。それでは、最後にいろんな色を重ねて切ってみようかな…。

8
♪いろんな
おりがみ
きりました

保育者　すごいね。今度は、いろんな色を重ねて切るんですって。

●カニを同様に動かしながら

♪チョキ　チョキ　チョッキン　かにさんが

●いろんな折り紙の表を出す

♪いろんな　おりがみ　きりました
チョキ　チョキ　チョキ
チョキ　チョキ　チョキ

さあ、何が切れたんでしょう。とても楽しみ。

（子どもたちの反応を受けて）

子どもたちといっしょに　カニさん、いいですか？

カ　ニ　はい、できました。

●いろんな折り紙を裏返しながら

保育者　♪チョキ　チョキ　チョッキン　ふうせんよ

わあ、きれい。最後はきれいな風船をたくさん切ってくれました。カニさんに拍手！

（子どもたち拍手）

カ　ニ　どうもありがとう。みんなが喜んでくれてうれしいな。切り紙の作り方は○○先生にもお話ししたから、みんなも作ってね。

おしまい。

9
わあ、きれい。

折り紙を　半分に
折って　切ります。

おもしろ おはなしクイズ

●演じる前に

子どもたちがよく知っているお話のクイズ。３択でおもしろさが倍増です。答えはペープサートを“クルリ”と裏返すとわかります。集会のあそびとしてもピッタリ！

●ポイント

①このクイズの絵人形は、表に主人公のキャラクター、裏に答えがかかれています。裏が見えないように出しましょう。
②一度に全部やるのではなく、各お話一問ずつくらいがよいでしょう。子どもたちとのさまざまな会話を楽しみます。
③子どもたちの好きな、ほかのお話からもクイズをつくってみましょう。お話に興味をもったり知っていることを積極的に発言する姿が見られます。

●用意するもの

絵人形…赤ずきん(1·2·3)·桃太郎(1·2·3)·三匹の子ぶた(1·2·3)
　　　　さるとかに(1·2·3)
絵人形を入れるケース
※絵人形の作り方は110ページ、型紙は150～155ページ。
　ケースの作り方は111ページ、型紙は190ページ。

表
赤ずきん１
桃太郎１
三匹の子ぶた１
さるとかに１
裏
赤ずきん１
桃太郎１
三匹の子ぶた１
さるとかに１

おもしろ
おはなしクイズ
絵人形を入れるケース

●演じ方

1
1番。おじいちゃん！

保育者　みんなの大好きなお話のクイズをしましょう。おもしろいクイズが出ますよ。

●赤ずきん１の絵人形の表を出しながら

最初は「赤ずきん」のお話のクイズです。問題の後に答えを３つ言いますから、最後までよく聞いてくださいね。

第１問、赤ずきんちゃんクイズです。
【問題】赤ずきんちゃんがお母さんに頼まれてお見舞いに行ったのはだれのおうちでしょう？
　１番　おじいちゃん
　2番　おばあちゃん
　3番　お友達の緑ずきんちゃん

(子どもたちの反応を受けて)

さあ、答えはだれでしょう？

2
ジャン！

子どもたち
といっしょに　いち、にの、さん、ジャン！
●すばやく裏返す

保育者　そうです。おばあちゃん、大当たり！
おばあちゃんのお見舞いに行ったんだよね。
（子どもたちのさまざまな発言にこたえて楽しく会話する）

保育者　今度はなんのクイズかな？
●桃太郎１の絵人形の表を出しながら
そうです。桃太郎さん。どんなクイズかな。
聞いてください。

第２問、「桃太郎」のお話のクイズです。
【問題】桃太郎さんが鬼退治に行くときに作ってもらった食べ物はなんでしょう？
1番　おべんとう
2番　きんぴらゴボウ
3番　きびだんご
（子どもたちの反応を受けて）
もうわかっていますね。

3
この中に
ありますよ。

子どもたち
といっしょに　いち、にの、さん、ジャン！
●すばやく裏返す。

保育者　きびだんごでした。大当たり！
このきびだんごを食べると百人力《ひゃくにんりき》。パワーがどんどん出てきますよ。
（子どもたちのさまざまな発言にこたえて楽しく会話する）

4
きびだんご
でした。

5
おにいさんが
作った家は…

保育者　まだまだあります。次はなんのクイズでしょう。出しますよ。

●三匹の子ぶた1の絵人形の表を出して子ぶたを指しながら

これは、一匹、二匹、三匹の子ブタちゃん。

第３問、三匹の子ぶたクイズです。

【問題】三匹の子ぶたのいちばん上のお兄さんが作った家はなんのおうちでしょう？

①お菓子のおうち
②鉄のおうち
③わらのおうち

（子どもたちの反応を受けて）

そうです。

子どもたちといっしょに　いち、にの、さん、ジャン！

●すばやく裏返す

保育者　わらのおうち、大正解！
お兄さんは、すぐできるわらのおうちを作ったんだよね。

（子どもたちのさまざまな発言にこたえて楽しく会話する）

6
大正解！

保育者　さあ、今日はこれで終わりです。最後は、どんなクイズでしょう。

●さるとかに１の絵人形の表を出しながら

今度は「さるとかに」のお話からのクイズを出しますよ。

第４問、さるとかにクイズです。

【問題】さるとかにが道でばったりと会いました。そして、手に持っているものを交換しましたが、それは何と何でしょう？

1番　カキの種とおにぎり
2番　アサガオの種とバナナ
3番　カボチャの種とリンゴ

（子どもたちの反応を受けて）

これは、すぐにわかりますね。

7
アサガオの
たねとバナナ

子どもたち といっしょに いち、にの、さん、ジャン！
●すばやく裏返す

保育者 さるが持っていたカキの種と、かにが持っていたおにぎりを交換しました。かにさんは、「早く芽を出せカキの種…」と、毎日水やりをしたんだよね。
（子どもたちのさまざまな発言にこたえて楽しく会話する）

お話のクイズは、まだたくさんありますから、また遊びましょうね。
おしまい。

●お話クイズ（その他の例）

【赤ずきん2】
赤ずきんちゃんがおばあさんの所へ、お見舞いに持って行ったものはなんでしょう。
①おはぎと牛乳
②オムレツとトマトジュース
③パンとブドウ酒

【赤ずきん3】
オオカミに飲み込まれた赤ずきんちゃんとおばあさんを、助けてくれたのはだれでしょう。
①おまわりさん
②猟師さん
③クマさん

【桃太郎2】
桃太郎のお供について行ったのは、イヌ、サルと、もうひとつの動物はなんでしょう。
①キジ
②ネコ
③ゾウ

【桃太郎3】
桃太郎が鬼退治に行った島は、次のうちどの島でしょう。
①夢の島
②ネバーランド
③鬼《おに》ヶ《が》島《しま》

【三匹の子ぶた2】
三匹の子ぶたを追いかけて、食べようとしたのはだれでしょう。
①トロル
②オオカミ
③山んば

【三匹の子ぶた3】
三匹の子ぶたがレンガの家に集まったとき、オオカミはどこから入ったでしょう。
①玄関
②窓
③煙突

【さるとかに2】
さるとかにのお話で、かにのお母さんが木の上からさるに投げられたものはなんでしょう。
①青くて固いカキの実
②とげとげのクリのイガ
③丸くてかわいいサクランボ

【さるとかに3】
さるとかにのお話で、チクリチクリと刺して、さるを懲らしめたのはだれでしょう。
①ハリネズミ
②カ
③ハチ

基本的生活習慣が身につくカンタンペープサート－❶

あいさつ

元気マンのごあいさつ

●演じる前に

元気にあいさつを交わす気持ち良さ、
生活に張りの出ることを知ります。

●用意するもの

絵人形…ポンちゃん・コンちゃん
※絵人形の作り方は110ページ。
型紙は156ページ。

●演じ方

●ポンちゃん右手、コンちゃん左手に持って左右から出す。

ポンちゃん　（元気よく）　コンちゃん、おはよう!
コンちゃん　（元気なく）　ポンちゃん、おはよう。
ポンちゃん　どうしたのコンちゃん、元気ないね。熱あるの？
コンちゃん　ううん……。
ポンちゃん　おなか痛いの？
コンちゃん　ううん……。
ポンちゃん　じゃあ。どうしたの？
コンちゃん　どうもしない。
（間）

ポンちゃん　わかった。朝、お母さんに叱られたんでしょう。
コンちゃん　ちがうよ、ちがうよ。
●すねたように後ろを向ける。
ポンちゃん　おかしいなあ～。
（間）
グ～　グ～　（コンちゃんのおなかの鳴る音）
コンちゃん　あれっ？　あれ、あれ？
ポンちゃん　そうだったのか。コンちゃん、朝ごはん食べてないんでしょう。
●ポンちゃんの方を向けながら、
コンちゃん　ばれたか……。

11時？!
3

ポンちゃん だから力が出なくて、元気なごあいさつができないんだ。でも、コンちゃん。どうして朝ごはん食べてこなかったの？

コンちゃん だって、朝起きたら、もう幼稚園（保育園）に行く時間だったんだもの。

ポンちゃん えっ――。コンちゃん、いったい何時に寝ているの？

コンちゃん （はずかしそうに） 11時。

ポンちゃん 11時？!　だめだよ、コンちゃん。もっと早く寝なくっちゃ。早く寝たら早く起きれるよ。それから、早く起きると朝ごはんがおいしく食べれて、元気がたくさん出るんだから。

コンちゃん そうか――。

●体の後ろに一度かくして、

保育者 さあ、次の日、ポンちゃん、コンちゃんがやってきましたよ。

●コンちゃん、ポンちゃんを左右から順に出す。

コンちゃん （元気よく） おーい、ポンちゃーん。おはよう!

ポンちゃん おはよう、コンちゃん。
今日は元気なあいさつだね。

コンちゃん うん、ポンちゃんが言ってくれたように、昨日は早く寝て、今日早く起きたんだよ。そしたら、朝ごはんがおいしくて、たくさん食べられたよ。

4
おーい
ポンちゃん。
おはよう!

おはよう
ございます。
○○組の
おともだち
5

ポンちゃん そうでしょう。何か、体の中に元気マンがいる感じでしょう。

コンちゃん そう、元気マンがいる感じ。そうだ、ポンちゃん。○○組のお友だちにもごあいさつしようか。

コンちゃん いいね。

●二体一緒にあいさつさせる。

（元気よく）

ポンちゃん コンちゃん ○○組のお友だち、おはようございます。

●子どもたちのあいさつを受ける。

コンちゃん わー。元気なごあいさつって、気持ちがいいね、ポンちゃん。

保育者 早寝・早起き、ごはんもしっかり食べていいごあいさつをしましょう。

●ポイント

①前半と後半のコンちゃんの違いを表現しましょう。
後半は元気いっぱいのコンちゃんです。
②お昼に演じる場合には、「こんにちは」のあいさつでもよいでしょう。

片付け
おもちゃごちゃごちゃ組

●演じる前に

片付けることの大切さや、気持ち良さを知らせましょう。

●用意するもの

絵人形…ミミちゃん・ブーちゃん
※絵人形の作り方は110ページ、型紙は157ページ。

●演じ方

●ミミちゃん右手、ブーちゃん左手に持ち、左右から出てくる。ミミちゃんだけはずむようにうたいながら…。

ミミちゃん　♪おかたづけー、おかたづけー、さあさみんなでおかたづけー。あ、ブーちゃん、もうおかたづけだって。

ブーちゃん　うっ！　おなかが痛くなってきた。トイレに行ってくる。

●くるっと上手《かみて》に向きを変え、退場する。

ミミちゃん　あらブーちゃん、だいしょうぶ？

●右に左にとウロウロあるきながら、

まさかブーちゃん、病気じゃないでしょうね。手術になんかなったらどうしよう。痛いだろうな、苦しいだろうな。

●ハッと気づいたように、

あっ、もうおあつまりの時間になっちゃった。

●ブーちゃんケロッとして上手《かみて》より登場。

ブーちゃん　♪おあつまりー、おあつまりー、さぁさみんなでおあつまりー。

●ブーちゃんそのまま下手《しもて》に消える。

ミミちゃん　あら、ブーちゃんすっごく元気そう。病気じゃなくてよかった。

●ミミちゃんも一人で納得しながら、下手《しもて》に消える。

保育者　さあ、もうすぐお弁当の時間。さて、ミミちゃんとブーちゃんはどうしたかな？

●二人左右からやって来る。

ミミちゃん ♪おかたづけー、おかたづけー、あ、ブーちゃん、お弁当だからおかたづけだって。

ブーちゃん うっ！ またおなかが痛くなってきた。トイレに行って来ようっと。

●くるっと向きを変え、上手《かみて》に退場する。

ミミちゃん あぁ、またトイレ。どうしたのかな？ そうだ、ようすを見に行ってみようっと。

●上手《かみて》へ歩き、のぞくような素振りで…。

ミミちゃん あれ、ブーちゃん歌いながらトイレに入ってる。

●もう一度のぞいて、

ミミちゃん あっ、今度は紙で遊んでる。なんかへんねぇ。

●またのぞきながら、

ミミちゃん うわぁ、おまけに蛇口の水で遊んでる！ うーん、これはちょっとおかしいわねぇ。

●ハッと気づいて、

ミミちゃん あっ、もうお弁当の時間になっちゃった。

●ブーちゃんケロっとして上手《かみて》より登場。

ブーちゃん ♪おべんと、おべんと、うれしいな。

ミミちゃん （問いつめるように）ちょっとブーちゃん。

●ブーちゃん、ハッとして立ち止まる。

ミミちゃん おなかが痛いのは？

ブーちゃん えっおなか?! あっ、あの…、治っちゃった。

ミミちゃん ふーん、でももしかしてそれ、「おかたづけイヤイヤ病」っていうんじゃないの？

ブーちゃん えっ？

ミミちゃん だっておかたづけになると、必ずトイレに行くじゃない。おかたづけ、いやなんでしょ？

ブーちゃん うっ、うーん…。

ミミちゃん やっぱり！ でもね、みんなで遊んだおもちゃだもの。みんなでかたづけなきゃ。

ブーちゃん だって、おかたづけって楽しくないんだもん。

ミミちゃん わたしだってそうよ。だけど、みんながかたづけなくなっちゃったらどうなると思う？

ブーちゃん えーと、部屋中おもちゃだらけ。〇〇組じゃなくておもちゃごちゃごちゃ組になっちゃうね。

ミミちゃん お弁当だって食べられなくなっちゃうのよ。

ブーちゃん そりゃ、たいへん! おなかがすいたら僕、動けない。これからはちゃんとかたづけるよ。

保育者 きれいになった部屋で食べるお弁当は、おいしいですよ。

●ポイント ①二体の出入りがありますが、膝の上に伏せたり、後ろに隠したりするだけでも、状況は伝わります。
②時には、めんどうな片付けも、工夫次第で大好きになります。

※「おかたづけ」作詞・作曲不詳
「おべんとう」作詞・天野 蝶／作曲・一宮道子

着替え

ブーちゃん がんばって

●演じる前に

着替えは、毎日を気持ち良く過ごすために必要である事を知ります。

●用意するもの

絵人形…コンちゃん・ブーちゃん
※絵人形の作り方は110ページ、型紙は156・157ページ。

●演じ方

●コンちゃん右手、ブーちゃん左手に持ち、まずコンちゃんを下手《しもて》から出す。

コンちゃん　今日はとってもいい天気。早く着替えて、外で遊ぼうっと!

●ブーちゃん上手《かみて》からゆっくりと出す。

コンちゃん　あ、ブーちゃん、おはよう!

ブーちゃん　(眠そうに) コンちゃん、おはよう…。

コンちゃん　今日はいい天気だね!

ブーちゃん　(だるそうに) そうだった？

コンちゃん　いやだなあ、空がこんなに青くてきれいだよ。

ブーちゃん　(ぼんやりと)　知らなかった。

●コンちゃん、ボーッとしているブーちゃんの周りをゆっくり歩きながら、

コンちゃん　ブーちゃん、どうやらまだ目がさめてないみたい。そうだ!　驚かしちゃおう。
ワッ!!

●跳び上がって驚いて、

ブーちゃん　うわぁ、びっくりした。目が覚めた。

コンちゃん　ね、早く着替えて、外でいっしょに遊ぼ!

●さっさと上手《かみて》を向いて歩きながら、

ブーちゃん　うん!　行こう、行こう。

コンちゃん　(慌てて)　ちょっと待って!　お着替えは？

●立ち止まり、残念そうに元に戻りつつ、

ブーちゃん　そうだった。着替えるんだった…。うーん、くさいなあ。

コンちゃん　(ハッとして) えっ、ぼく、なんかくさい？
ブーちゃん　どうしてもくさいんだよ。
●コンちゃんの表裏をクルクル回して、
コンちゃん　えーっ、おならしてないよ。おかしいなぁ。
ブーちゃん　違うよ、めんどうくさいんだよ。
コンちゃん　ええっ、なにそれ？！
ブーちゃん　だって、ボタンははずさなきゃならない、次に、脱がなきゃならない。せっかく脱いだって、別の服をまた着なきゃならないんだよ。ああ、着替えってめんどうくさい！
コンちゃん　なんだ、着替えのことか。あぁよかった。でもね、着替えはしなくっちゃね。

ブーちゃん　なんで？
コンちゃん　だって、運動着に着替えれば元気いっぱい！　汚れたって何したって、へっちゃらだよ。
ブーちゃん　そうかな。
コンちゃん　ほら、今着ているブラウス、お母さんが洗濯して、アイロンして、ピカピカだよ。
ブーちゃん　あ、うん。
コンちゃん　汚すのはもったいないよ。それに、運動着なら、鉄棒だって、サッカーだって、かくれんぼだって自由自在！　体を思い切り動かせるよ。

ブーちゃん　そうだね。
コンちゃん　そうとわかったら、お着替え、お着替え。
●くるっとそっぽを向いて、
ブーちゃん　うーむ…。
コンちゃん　どうしたの？　まだ何かくさい物でもあるの？
ブーちゃん　実は…僕、一番上のボタンがはずせないんだ。
コンちゃん　なあんだ、じゃ今日はおまけだよ。僕が代わりにやってあげる。
●ポンちゃんの方に向き直って、
ブーちゃん　やった！
保育者　ブーちゃんがんばってね。○○組のみんなも応援しているよ。

●ポイント　①めんどうくさがり屋で、お調子者で、甘ったれのブーちゃんの性格を、楽しく表現してみましょう。
②お昼寝、水遊び、汚れた時など着替えの場はさまざまです。生活に密着した題材で、演じてみてもよいでしょう。

歯みがき 虫歯キンバイバイ!

●演じる前に

歯みがきの必要性と歯の大切さを知ります。

●用意するもの

絵人形…ブーちゃん・ポンちゃん
※絵人形の作り方は110ページ、型紙は156・157ページ。

●演じ方

1

●ブーちゃん右手、ポンちゃん左手に持って、ブーちゃんから出す。少ししてから、ポンちゃんだす。

ブーちゃん　（痛そうに）　あっ、いたたた!!　いたいよ～。
ポンちゃん　（元気よく）　ブーちゃん、おはよう!
ブーちゃん　（元気なく）　おはよう…。
ポンちゃん　どうしたのブーちゃん?
ブーちゃん　う～ん。昨日の夜から、歯が痛くて、困っているんだ…。
ポンちゃん　ブーちゃん、ちゃんと歯みがきしてる?
ブーちゃん　少しね。

2

ポンちゃん　寝る前に、チョコレートとか、アイスクリームとか、甘い物を食べているんでしょう?
ブーちゃん　うん、食べてる。
ポンちゃん　ダメだよ!　寝る前に、虫歯キンが出てきて、ブーちゃんの歯、虫歯だらけにしていくんだよ!
ブーちゃん　（驚く）　え～!!
（つぶやく）　だってぼく、甘い物大好きなんだもん…。

ポンちゃん　夜、歯みがきしたら、絶対、物を食べちゃだめだよ。それに歯みがきは夜だけじゃなく、朝も必ずしなくっちゃね!　ぼくはちゃんと守っているから、虫歯が一本もないんだ。

ブーちゃん　どれどれっ。（のぞくように）　あっ、本当だ。

ポンちゃん　ブーちゃん、幼稚園（保育園）で歯みがきをするときも、よくみがいてないんじゃない？

ブーちゃん　だって…。たくさん遊びたいんだもん。

ポンちゃん　ブーちゃん、毎日、歯みがきしないと、おいしいものや、堅いものが、これから食べられなくなるよ。

ブーちゃん　（驚く）　えっ!!　それは困るな…。

ポンちゃん　じゃあ、今日から、ちゃんと歯みがきをして、虫歯キンとバイバイするんだよ。

ブーちゃん　ポンちゃん、わかった。

●体の後ろに一度隠して

保育者　さあ、次の日、ブーちゃんはどうなったでしょう。

●ブーちゃん、ポンちゃん、左右から順に出す。

ブーちゃん　（元気よく）　ポンちゃん、おはよう!!

ポンちゃん　ブーちゃん、おはよう!!
もう、歯、痛くないの？

ブーちゃん　うん。昨日、歯医者さんに行って、虫歯を治してもらったの。
それに、一日三回、歯みがきをするようにして、虫歯キンと、バイバイしたんだ。

ポンちゃん　よかったね。ブーちゃん。

ブーちゃん　うん。これもポンちゃんが、歯の大切さを教えてくれたおかげだよ。
ありがとう。

ポンちゃん　ブーちゃん、虫歯が治って、本当に良かったね。くいしん坊ブーちゃんは、今日から歯みがきブーちゃんだね。

ブーちゃん　うん。

●上手《かみて》のほうへ退場させる。

保育者　歯みがきをなまけていると、みんなもブーちゃんみたいに、歯が痛くなっちゃいますよ。毎日、歯みがきをして、歯を大切にしましょう。

●ポイント

①驚く場面など、ペープサートを大きく動かしましょう。
②ブーちゃん、ポンちゃんの性格を表すように演じると、楽しいでしょう。
③前半と後半のブーちゃんの違いを表現しましょう。

係の仕事

たいへん、お花が枯れちゃった

裏 ―――― 表

●演じる前に

係の仕事は、クラス全体のために必要な仕事であることを考えます。

●用意するもの

絵人形…ともくん・ゆかちゃん・花・じょうろ
小道具…粘土
テーブル
※絵人形の作り方は110ページ、
型紙は158・159ページ。

●演じ方

●中央に、しおれた花を粘土に差し立てておく。
ともくん右手に持ち、下手《しもて》より出す。

ともくん (忙しそうに)　えーと、とび縄、とび縄。んーと、どこにあったかな。

●花の前を知らずに通り過ぎる。

ともくん おかしいな。ない。ゆかちゃんといっしょに遊べない。

●くるっと下手《しもて》に向かい、花を通り過ぎた所で、ハッと気づいて止まる。

ともくん あれっ!

●くるっと花の方を向くが、すぐに元の向きにくるっと返る。

ともくん も、もしかして…。

●そーっと花の方を向く。

ともくん 花が枯れてる!　どうしよう。花の係はぼくなのに…。

●上手《かみて》と下手《しもて》を行ったり来たりして…。

ともくん でもさ、元はと言えばみんながいけないんだ。花の係をぼくに無理矢理押しつけるんだもの。花の係なんて、やりたくなかったのに。

●急に悲しくなって、立ち止まり、

ともくん　ああ、でも困ったな。みんな怒るだろうな。

ゆかちゃん　（声だけ）ともくーん!

ともくん　まずい!　ゆかちゃんだ。見つかっちゃう!

●ともくん花の前に立ち、隠す。

●ゆかちゃん上手《かみて》より出す。

ゆかちゃん　ともくん、とび縄向こうにあったわよ。

ともくん　あ、そう。よ、よかったね。
ほんとによかった。

ゆかちゃん　どうかしたの?

ともくん　どうもしない。

ゆかちゃん　なんか様子がおかしいわねぇ。

3

（間）●ゆかちゃん突然上を見て…。

ゆかちゃん　あ、何か飛んでる!

●つられてともくんも上を向く。

ともくん　え、どこ、どこ?

●その瞬間、花が見えてしまう。

ゆかちゃん　あーっ、お花が枯れてる!

ともくん　（大慌てで）　ち、違うんだよ。これには訳があって…。

ゆかちゃん　でも、花の係はともくんじゃないの。

ともくん　うん。でも、おとといは元気だったんだ。

ゆかちゃん　え、おととい?

ともくん　そう。きのうはかくれんぼに忙しくて、見る暇もなくて…。

ゆかちゃん　じゃあ、水をやったのはいつ?

ともくん　うーむ、その前の日だったかなあ…。

ゆかちゃん　えーっ?!

ともくん　で、でも、水はたーくさんやったよ。

ゆかちゃん　お花は、毎日水やりをしなくちゃ。
わたしたちが毎日、ごはんを食べるのといっしょ。

ともくん　そうか…。毎日だよね。

4

ゆかちゃん　ともくん、照れてる暇があったら、早く水をやりましょう。

ともくん　そうだね。

●じょうろを出して水をあげる。

●ゆっくりピンとした花の方を客席に向ける。

ゆかちゃん　あっ、元気になってきたみたい。

ともくん　良かった!　枯れてなかったんだ。お花さん、ごめんね。これからは、毎日ちゃんと面倒見るからね。

5

●ポイント

①しおれた花を見て、大慌てするともくんを、大げさなぐらいに演じると、楽しい劇になるでしょう。

②マンネリ化しがちな係に、一石を投じてみてください。

物を大切に

コンちゃん、物を大切にね！

●演じる前に

物にも命があることを知り、大切に使うようにします。

●用意するもの

絵人形…ミミちゃん・コンちゃん
　　　　画用紙とクレヨン（ミミちゃん）
　　　　画用紙とクレヨン（コンちゃん）
小道具…絵本・積み木など
テーブル
※絵人形の作り方は110ページ、
　型紙は156・157・159ページ。

保育者　（呼びかける）　お片付けですよ。
みんなで、お部屋をきれいにしましょうね。

●ミミちゃん右手、コンちゃん左手に持って、ミミちゃんから出す。

ミミちゃん　（元気よく）　は〜い
絵本はここ、積木はここに、使った物は片付けてっと。

●コンちゃん、元気よく登場。

コンちゃん　あれ？

●何かを踏んだように下を見る。

コンちゃん　なんだ絵本か、こんなもの、遊びのじゃまだ。えいっ！

●絵本を蹴とばすように動かす。

ミミちゃん　だめ、だめ！　コンちゃん。絵本を大切にしなくっちゃ！

●演じ方

1

2

コンちゃん　わーい、サッカーだ。いち、にの、シュート！

●積木を蹴るように動かす。

ミミちゃん　やめて、コンちゃん。積木がかわいそう。
これは、園の大切な、おもちゃよ。

コンちゃん　いいんだよー。これ、僕のじゃないから…。
えいっ！　えいっ！

ミミちゃん　もう、まったく。コンちゃんたら…。

（間）

保育者　みなさんー、これからお絵描きしましょう。
自由画帳とクレヨンを用意してください。

ミミちゃん　（元気よく）　はーい! 自由画帳と…、クレヨンと。

コンちゃん　（泣きそうに）　あれ？　僕の自由画帳がない。クレヨンもない。どうしよう…。どうしよう…。

●左右に動かす。

ミミちゃん　どうしたのコンちゃん。

コンちゃん　僕の自由画帳とクレヨンがないの!　困ったなー。

ミミちゃん　コンちゃんは、物を大切にしないから、自由画帳さんも、クレヨンさんも、コンちゃんのことを嫌って、逃げて行ったんじゃないの。

コンちゃん　え～っ!

ミミちゃん　物にも命があって、大切に使ってくれれば、嬉しいけど、コンちゃんみたいに、乱暴に使われたらいやだもの。

コンちゃん　そうか…。

（間）

ミミちゃん　あっ、コンちゃん、自由画帳とクレヨンが、お部屋の隅に、投げてあるわよ。

コンちゃん　本当だ。ミミちゃん見つけてくれてありがとう。

●自由画帳とクレヨンの絵人形を持たせる。

ミミちゃん　これからは、ちゃんと物を大切にしてね!

コンちゃん　うん。これからは、乱暴にしないよ。

ミミちゃん　園のおもちゃも、優しく使ってね。

コンちゃん　うん。わかったよ。
僕が、絵本や積木だったら、大切に使ってくれたほうが、嬉しいもんね。

ミミちゃん　そうよ。
さあ、コンちゃん、いっしょにお絵描きしよう。

コンちゃん　しよう! しよう!

●上手《かみて》のほうへ退場させる。

保育者　物を大切にすることって、とっても大事ね。自分の物だけじゃなく、園で使う物も、大切にしましょうね。

●ポイント

①絵本や積木などの実物を使ったり、忘れものを使ったりすると、子どもたちにとって身近で、効果的です。
②コンちゃんの動きを、大きく表現するとよいでしょう。

手洗い
バイキンを やっつけよう

●演じる前に

手にはバイキンがついていることを知り、
手洗いの大切さを理解します。

●用意するもの

絵人形…ともくん・ゆかちゃん
※絵人形の作り方は110ページ、
型紙は158ページ。

●演じ方

保育者　（呼びかける）「みんな、おあつまりですよ」

●ともくん左手、ゆかちゃん右手に持って、ともくん最初に出す。少ししてから、ゆかちゃん動かしながら出す。

ゆかちゃん　ねえねえ、ともくん。もうおあつまりだから、お部屋へ行こう!

ともくん　わかったよ!　今、行くから先に行ってて。

ゆかちゃん　じゃあ、手洗い場のところにいるから、早く来てね。

ともくん　うん。

●二体、体の後ろに一度かくして、

●ゆかちゃん、手洗い場に行くように、左右動かす。

ゆかちゃん　さあ、手を洗いましょう。

●リズムをつけて、

♪せっけんつけて、ゴシゴシゴシ
　きれいに洗って、ジャブジャブジャブ

（嬉しそうに）　わあー、きれいになった!
あれ?　ともくん、まだかな?

（間）

●左側から、ともくん登場。

ともくん　ゆかちゃん、遅くなってごめんね。
はやく、お部屋へ行こうよ。

ゆかちゃん だめだめ、だってともくん、まだ手を洗ってないじゃない。

ともくん そんなに、汚れてないし、手、きれいだから洗わなくていいよ。

ゆかちゃん えっ!!　汚いわよ、ともくん。
手には、見えないバイキンがた～くさんついているんだよ。
それに、その手で、お弁当を食べたら、バイキンまで、いっしょに、おなかの中に入ってしまうじゃない。

ゆかちゃん （びっくりしたように）　えっそうなの？
ぼく、いつも面倒くさいから、手を洗わないけど…。
ぼく、いつもバイキンを食べていたんだね。

ゆかちゃん そうよ。そうだ、私が、楽しく手を洗う方法を、教えてあげる。

●二体、左右に揺らしながらリズミカルに。

♪せっけんつけて、ゴシゴシゴシ
　きれいに洗って、ジャブジャブジャブ
　ゴシゴシゴシ　ジャブジャブジャブ

ともくん ゆかちゃん、さっきより、手がきれいになったよ。

ゆかちゃん ともくん、手のにおい、かいでごらん。

ともくん わぁーい、すごくいいにおい！

ゆかちゃん 手を洗うと、とっても気持ちいいでしょう。
これからは、なまけないで、きれいに洗ってね。

ともくん うん、そうするよ。

ゆかちゃん あっ、先生が、待っているわ。
早くお部屋へ行こう。

ともくん 行こう!

●上手《かみて》のほうへ退場させる。

保育者 手には、見えないバイキンがついているんだって。みなさんも、お外から帰った後や、お食事をするときなど、いつもきれいに手を洗って、バイキンをやっつけましょうね。

●ポイント

①手を洗う場面は、楽しくリズムをつけるとよいでしょう。
②お弁当の前に演じ、手洗いの導入にすると、効果があります。

トイレ

トイレ学校、はじまり はじまり

●演じる前に

トイレは、一人ひとりがじょうずに使うと、
みんなが気持ち良く使えます。

●用意するもの

絵人形…ゆかちゃん・ともくん
※絵人形の作り方は110ページ、
型紙は158ページ。

●演じ方

●ゆかちゃん左手、ともくん右手に持ち、まずゆかちゃんを中央に出す。

ゆかちゃん　♪手をたたきましょ　タンタンタン…
足ぶみしましょ、タンタン…
笑いましょ
ワッ?!（驚く）

ともくん　おしっこ!　おしっこ!　おしっこ!

●突然ともくんが、ゆかちゃんの前を叫びながらかけ抜け、消える。

（間）

ゆかちゃん　（呆然としながら）今、何か通った？

●子どもたちの反応を見て、

ゆかちゃん　あらそう。あんまり速いから、流れ星かと思ったわ。

ともくん　（悠然と）あー、すっきりした。

●上手《かみて》から下手《しもて》へ歩いて消える。

ゆかちゃん　ありゃともくんだ。間に合ったのかな。ま、いいか。
♪足ぶみしましょ　タンタン…
泣きましょ　エッ?!（驚く）

ともくん　うんち!　うんち!　うんち!

●ともくん、再びかけ抜ける。

（間）

ゆかちゃん　また、何か通った？

●子どもたちの反応を見て、

ゆかちゃん　あらそう。あんまり速いから、UFOかと思ったわ。

ともくん　（悠然と）　あー、すっきりした。

●上手《かみて》から下手《しもて》へ歩いて消える。

ゆかちゃん　またともくん騒々しいわね。
私までトイレに行きたくなっちゃった。

●上手《かみて》に歩いていき消える。

ゆかちゃん　（声だけ）　キャーッ!!

●上手《かみて》からかけてくる。

ゆかちゃん　たいへん、たいへん、　先生、大事件!
トイレがジャジャーのベロベローンのスッテンテンなの。

保育者　なんだか複雑な事件ね。そうだ、さっきトイレを使ったともくんに聞いてみたら。

ゆかちゃん　うん!　ともくん、探してくる。

●一度下手《しもて》に消え、二人で戻ってくる。

ゆかちゃん　ともくん、さっきトイレ使ったでしょ？

ともくん　うん、すっきりしたよ。

ゆかちゃん　そうか、やっぱり犯人はともくんか。

ともくん　えっ!　犯人ってなあに。

ゆかちゃん　だって、ともくんのあとにトイレに行ったら、ジャジャーのベロベローンのスッテンテンだったのよ。

ともくん　ねぇ、ゆかちゃん、熱でもあるの？

ゆかちゃん　どうして？　お水はジャージャーと出しっぱなし。紙はベロベローンと伸びっぱなし。ついでにスリッパは、ひっくり返ってスッテンテン。

ともくん　ふーん、そりゃすごいや。

ゆかちゃん　（あきれて）　感心している場合じゃないのよ。後から使う人の身にもなってよね。

ともくん　ごめん、ごめん。

ゆかちゃん　そうだ、トイレ学校ごっこをやろう!

ともくん　いいけど、なんか臭《にお》いそうな学校だね。

ゆかちゃん　トイレの使い方を勉強するのよ。私が先生。いい？ではまず紙の使い方から始めます。

ともくん　はーい。そりゃもう景気よく、カンカラカーンです。

ゆかちゃん　だめだめ、もったいない。必要な分だけ出したら、手で押さえてギュッと切るの。いい？　次は手洗い。ちゃんと洗えてますか？

ともくん　はい!　洋服までビショビショに洗えます。

ゆかちゃん　それは水の出しすぎ。出しっぱなしがいけないの。では、脱いだスリッパはどうですか？

ともくん　ひっくり返ってスッテンテンです。

ゆかちゃん　二つ揃えて後ろ向き。こうすれば、次の人も気持ち良く使えるわ。わかった？

ともくん　はい!　先生。

ゆかちゃん　では、今日の授業はおしまい。起立!　礼!

※「手をたたきましょう」作詞・小林純一／外国曲

●ポイント

①各クラスでも、トイレ学校を開いてみましょう。使い方を見直す、楽しいきっかけ作りになります。
②ともちゃんの言動を少しオーバーにしてください。

行事にも生かせるペープサート－①

花火がいっぱい

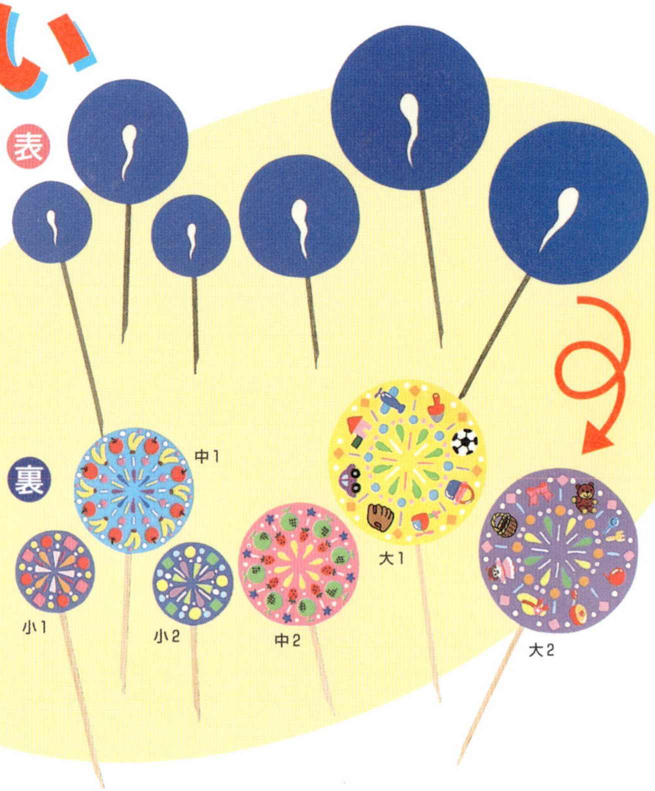

●演じる前に

表裏の変化が最大限に生かされる作品です。お泊まり会や夕涼み会などの前に楽しむと効果的です。保育室に部屋飾りとして置いたり、「花火」の歌をうたいながら楽しんでもよいでしょう。

●ポイント

①打ち上げるときは、舞台の中からゆっくりと上げましょう。
②ゆっくりと裏返してから、ドーン！　と鳴ると、本物の花火の雰囲気が出ます。
③ 全部の花火を舞台に立てると壮観です。

●用意するもの

絵人形…小さい花火（1・2）、中くらいの花火（1・2）、大きな花火（1・2）
肩かけ段ボール舞台
※絵人形の作り方は110ページ、型紙は160〜162ページ。
肩かけ段ボール舞台の作り方は45ページ。

●演じ方

保育者

●舞台の中に花火を順にセットしておく

これから、○○組さんの花火大会が始まりますよ。もし、きれいな花火があがったらたくさん拍手をしてくださいね。
さあ、あがりますよ。

●小さい花火１を両手で持ってゆっくり上に上げる

ヒュ〜〜〜

保育者

ドーン！

●ゆっくり裏返す

拍手！

（子どもたちの反応を受けて）

すごいでしょう。まだまだあがりますよ。

●小さい花火１を舞台に立てる

3
ヒュ～～～

3	●中くらいの花火1を両手で持って同様にゆっくり上げる
保育者	用意はいいですか。
	ヒュ～～～
4	ドーン！
	●ゆっくりと裏返す
	わあー、きれい！　大きいね。
	ほんとだ　リンゴとバナナの花火。
	拍手。
5 → 7	※以下同様に大きい花火1、小さい花火2、中くらいの花火2、大きい花火 2 と行ないます。

4
ドーン！

5
さあ、次は
何かな？

大きい花火1（ヒュ～～～）

6
ドーン！

大きい花火1（ドーン）

7
ドーン、
ドーン！
ドーン！

つなひき　オーエス！

●演じる前に

ネズミさんとリスさんが綱引きを始めました。オーエス！　オーエス！　そこにほかの動物さんも集まって…。巻き込んである絵をクルクル広げながら語ります。

●ポイント

①事前に折りくせ、開きくせをよくつけておき、巻き込んだ状態で紙封筒のケースにセットしておきます。
②絵本の表紙のように、紙封筒のケースを出したところからお話が始まります。
③クルクル出すところ、裏返すところはメリハリをつけて、期待をもって見られるようにしましょう。
④横に揺らしすぎると、絵が見えにくくなります。
⑤かけ声の最初は元気よく、だんだん疲れていくようすを表現しましょう。

●用意するもの

絵人形…つなひきオーエス！（巻き込みペープサート）
絵人形を入れるケース
※絵人形の作り方は164ページ、型紙は163ページ。
　ケースの作り方は111ページ、型紙は191ページ。

絵人形を入れるケース

●演じ方

保育者

●絵人形を入れたケースを出して

これから何が始まるのでしょう。「つなひきオーエス！」と書いてありますよ。

（子どもたちの反応を受けて）

そう、運動会でよくやるね。お父さんの綱引きを見たことのあるお友達もいますね。それでは「つなひきオーエス！」はじまりはじまりー。

2
野原で
つなひき

保育者

●巻き込みペープサートを取り出して

ネズミさんとリスさんが野原で綱引き。

●左右に少しずつ揺らしながら

オーエス　オーエス！
オーエス　オーエス！
もぐらさんも小鳥さんもがんばれ　がんばれー！　どっちも　がんばれー！と、応援していますよ。

3
オーエス
オーエス！
オーエス
オーエス！

保育者

そこへ
「入れてー」
「入れてー」

●巻き込みペープサートを１場面ずつ開きながら

サルさんとウサギさんも仲間に入りました。

●同様に揺らしながら

オーエス　オーエス！
オーエス　オーエス！
負けないぞー。
オーエス　オーエス！
オーエス　オーエス！
こっちだって！

4
絶対に
負けないよ！
こっちも絶対
負けないよ！

保育者

すると、また
「入れてー」
「入れてー」
今度やって来たのは、だれとだれだと思いますか？

（子どもたちの反応を受けて）

●同様に１場面ずつ開きながら

キツネとタヌキさん。

●同様に揺らしながら

オーエス　オーエス！
オーエス　オーエス！
オーエス　オーエス！
オーエス　オーエス！
オーエス　オーエス！
オーエス　オーエス！
絶対に負けないよー。
こっちも絶対に負けないよー。

保育者　「入れてー」
「入れてー」
またまた、だれかがやって来ました。今度はだれでしょう？
（子どもたちの反応を受けて）
●同様に１場面ずつ開きながら
クマさんとブタさん。
●同様に揺らしながら
オーエス　オーエス！
オーエス　オーエス！
オーエス　オーエス！
オーエス　オーエス！
オーエス　オーエス！
オーエス　オーエス！
オーエス　オーエス！
オーエス　オーエス！
なかなか勝負がつきません。

保育者　最初は、張り切っていたんだけど、もうだんだん力が出なくなりました。
おー！
くー！
みんなはすっかりくたびれました。どうしましょう。
（子どもたちの反応を受けて）
引き分けー

保育者　両方のチームの勝ちー。
●全体を裏返して、少し上下させながら
バンザーイ　バンザーイ！
バンザーイ　バンザーイ！
みんな、がんばったね。また遊ぼうね。
おしまい。

たまいれ ポーン！

※絵人形の作り方、型紙は164ページ。
ケースの作り方は111ページ、
型紙は191ページ。

●演じる前に

「つなひきオーエス！」と同様にして遊びます。いずれの作品も子どもたちの興味を引き出し、運動会の期待もうんと膨らませてくれます。反応を確かめながら楽しく演じましょう。

●ポイント

①巻き込みペープサートへの期待を、運動的なあそびへの期待にもつなげたいものです。
②自分もやってみたいという子どもも多くいますから、実際に手にして遊べるようにしましょう。
③年中児や年長児では、製作も可能ですから、Ｂ４大くらいのコピーと材料を用意しておくとよいでしょう。

●用意するもの

絵人形…たまいれポーン！（巻き込みペープサート）
絵人形を入れるケース

※広げたところです。
※ケースは、80ページの「つなひき　オーエス」と共通です。

●演じ方

1

●絵人形を入れた紙封筒のケースを出して

今日はどんなお話でしょう。「たまいれポーン！」と書いてありますね。

（子どもたちの反応を受けて）

やったことのある人もいますね…。そうだ、先生いいこと思いつきました。○○組さんも後で玉入れをしてみましょう。
その前に動物さんたちの玉入れですよ。「たまいれポーン！」は じまり　はじまりー。

2

●巻き込みペープサートを取り出しながら

ネズミさんとリスさん、今日は野原でたまいれです。
ポーン　ポーン！　ポーン　ポーン！
でもなかなか入りません。どうしてだと思う？

（子どもたちの反応を受けて）

そうですね。背が低いもの。だいじょうぶかな…。

3

「入れて！」「入れて！」そこへやって来たのは…

（子どもたちの反応を受けて）

●巻き込みペープサートを1場面ずつ聞きながら

そうです、サルさんとウサギさん。
ポーン　ポーン！　ポーン　ポーン！
ポーン　ポーン！　ポーン　ポーン！
サルさんとウサギさんは元気よく投げているけど、ネズミさんとリスさんはどうなったのかなー。

4

「入れて！」「入れて！」またたれかがやって来ました。

●同様に１場面ずつ開きながら

今度はキツネさんとタヌキさん。
ポーン　ポーン！　ポーン　ポーン！
ポーン　ポーン！　ポーン　ポーン！
ポーン　ポーン！　ポーン　ポーン！
ポーン　ポーン！　ポーン　ポーン！
ポーン　ポーン！　ポーン　ポーン！
ポーン　ポーン！　ポーン　ポーン！
みんな元気に投げています。

※次の場面も同様に繰り返します。

5

さあ　みんなで投げたら、どうなったでしょう。ネズミさんとリスさん、かごに入れることできたかな。

（子どもたちの反応を受けて）

●全体を裏返して

ほら、全部の玉が入りました。
かごの中はいっぱいです。
バンザーイ　バンザーイ！
バンザーイ　バンザーイ！
みんな大喜び。ネズミさんとリスさんも、たくさんかごに入れることができました。どうしてか、わかりますね。

おしまい。

お話ペープサート－①

うさぎとかめの　かけくらべ

段ボールを切り、色画用紙をはって作ります。木製舞台（111ページ参照）の前面にはりつけます。
幅：約100cm／高さ：（低い所で）約14cm

●演じる前に

よく知られているイソップ寓話。油断大敵、自分には能力があるとたかをくくっていると、コツコツと努力している人には負けてしまうというお話です。木製舞台に段ボールの景画をはると変化のある舞台で楽しめます。

●ポイント

①教訓話ですから、調子にのって油断をしているウサギと、地道に努力を重ねているカメの性格づけをはっきりしましょう。
②直角転画は、語りのタイミングに合わせて行ないます。
③幅の広い段ボール景画を生かして演じましょう。演じるときにおしりの位置を少し左右にずらすと演じやすくなります。

●用意するもの

絵人形…ウサギ・カメ・昼寝をしているウサギ・バンザイをするカメ
木製舞台・段ボール景画・絵人形を入れるケース
※絵人形の作り方は110ページ、型紙は165～167ページ。
ケースの作り方は111ページ、型紙は191ページ。
木製舞台の作り方は111ページ。

絵人形を入れるケース

●演じ方

●下手からカメを出してゆっくり動かす

カメ（保育者）　今日はいいお天気だなあ。お散歩には最高だ。

●下手からウサギを出して、カメを追い越しながら

ウサギ（保育者）　おや。カメだ！　ちょっとからかってやろう。

●ウサギを反転させて

やあ、カメさん、こんにちは。

カメ　こんにちは、ウサギさん。

ウサギ　カメさん、いったいこんな所で何をしているんだい。

カメ　はい、お天気がいいので散歩をしてたんです。

ウサギ　ええっ、散歩、それで！　ぼくには止まっているようにしか見えないけどなあ。

カメ　いいえ、ちゃんと歩いていますよ。

ウサギ　へえ。でも、カメ君は駆けっこなんかできないでしょう。
　●左右にすばやく動かしながら
ぼくなんか、ピョンピョン　ピョン！
ピョピョンのピョン！
ほら、こんなに速く走れるよ。

カ　メ　わたしだって、走れますよ。スピードは遅いけど、がんばる気持ちは負けませんよ。

ウサギ　よし、それなら駆け比べをしようよ。向こうの山のふもと、木がたくさんある所までどうだい。

カ　メ　いいですよ。山のふもとまででも、山のてっぺんまででも。

ウサギ　それなら山のてっぺんまで。

　●下手にカメと
　ウサギを重ねて

ウサギ　カメ君、用意はいいかい！

カ　メ　いいですよ！

ウサギ　位置について　ようい　どん！
　●『草競馬』のメロディーでウサギをリズミカルに動かす
♪ピョピョ　ピョンピョンピョンピョン
　ピョンピョンピョン
　ピョン　ピョン　ピョン　ピョン…

カ　メ　ヨイショ、ヨイショ、ヨイショ、ヨイショ。ウサギさんはやっぱり速いなあ。でもがんばるぞー！

ウサギ　あっ、川だ。こんな川もひとっ跳び。
ピョーン！
　●川を跳ばせて、下手に向ける
ええと、カメ君は…。
なあんだ、まだずっと向こうじゃないか。
これじゃあ勝負にならないや。ここでひと休みすることにしよう。なんだか眠くなっちゃった。少しだけお昼寝だ…。

●ウサギと昼寝をしているウサギを直角転画する

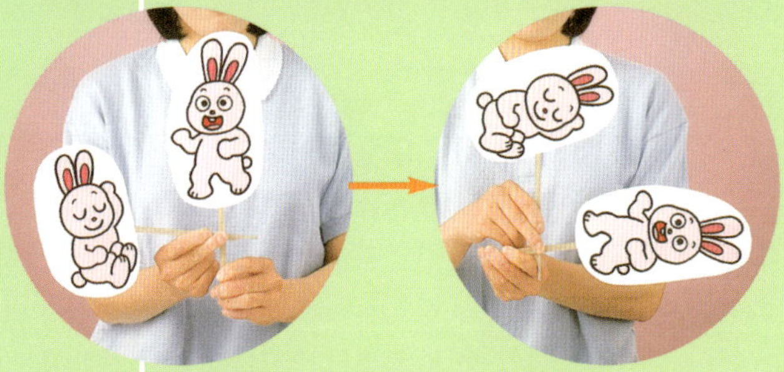

2体を直角に合わせて、そのまま回転させる。

ウサギ　クー、クー、クー、クー…。

カ　メ　ヨイショ、ヨイショ、ヨイショ、ヨイショ…。
ウサギさんは、もうお山のてっぺんまで着いちゃったのかな。でも最後までがんばろう！
ヨイショ、ヨイショ、ヨイショ、ヨイショ…。

●カメをゆっくり動かしながら

カ　メ　やっと川に着いたぞ！

●ゆっくり舞台の中（下）に潜って、川を越えた所で再び出る

ヨイショ、ブクブク、ヨイショ、ブクブク、ヨイショ、ブクブク…。
あ～気持ちよかった。川の中を歩いたら元気が出てきた。

●眠っているウサギを見つけて

あっ、ウサギさんが寝ている。よし、今のうちにがんばろう！
ヨイショ、ヨイショ、ヨイショ、ヨイショ…。

8

●リズムに合わせて動かしながら

カ　メ　♪ヨイショ　ヨイショ　もうすこし
　ヨイショ　ヨイショ　もうすこし
ふ〜。
♪ヨイショ　ヨイショ　もうすこし
　ヨイショ　ヨイショ　もうすこし
　ヨイショ　ヨイショ　てっぺんだ！
やった、やった！
ウサギさんに勝ったぞ！

●カメとバンザイをするカメとを入れ替える

9

●バンザイをするカメを表裏反転させながら

カ　メ　バンザーイ！　バンザーイ！
ウサギさんに勝ったぞ
バンザーイ！　バンザーイ！

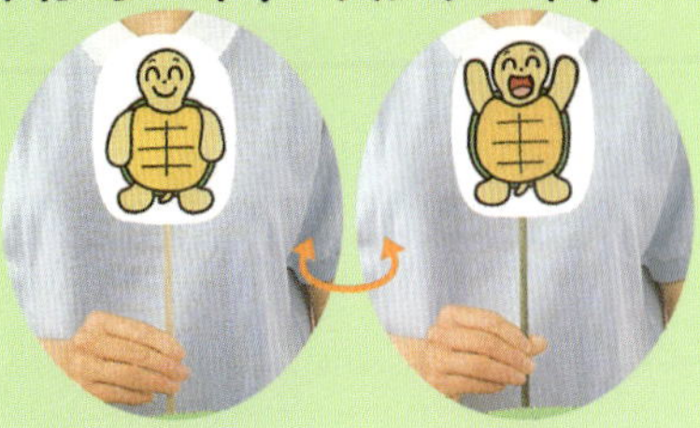

表　　裏

●昼寝をしているウサギをゆっくり反転させながら

ウサギ　あ〜あ、よく寝たなあ。

カ　メ　バンザーイ！　バンザーイ！

ウサギ　あっ、しまった！　寝ている間にカメ君に追い越されてしまったあ。

カ　メ　ウサギさあん、いくら足が速くても、油断したらだめですよ。

ウサギ　ほんとうだ。ぼくが調子にのって油断したからだ。

ナレーター　それからというもの、ウサギは足が速いことを決して自慢しなくなったということです。

おしまい。

お話ペープサート－②

がんばれしろくん

おしまい

しろくん1
しろくん2
しろくん3

草むら
（表のみ）

※絵人形の作り方は110ページ、型紙は168～171ページ。木製舞台の作り方は111ページ。

●演じる前に

クレヨンのしろくんは、最近少し落ち込み気味。それは友達のあかくんやあおくんみたいに、持ち主のともちゃんが使ってくれないからです。みんなが心配しているときにいいニュースが…。

●ポイント

①絵人形が場面上に多くなるので、声に少し変化をつけてみましょう。

②しろくんの気持ちの変化を表現します。最初は自信のないようすを声や動きで、徐々に明るく元気なしろくんにします。

③舞台に多くの絵人形が出る場面がありますから、舞台いっぱいに広げて、少し間を開けて動かしてください。

●用意するもの

絵人形…しろくん(1・2・3)・あかくん・あおくん・ともちゃん・イヌのシロ

木製舞台、草むら、色画用紙(B4大)にクレヨンでかいた絵

●演じ方

1
下手《しもて》
上手《かみて》

2

1

●上手に草むらを出し、下手からしろくん１登場

しろくん　あーあ、どうしてぼくは、ほかのみんなみたいにともちゃんに使ってもらえないのかなあ。
あかくん、あおくん、きいろくん、みどりくん…。
みんなともちゃんからたくさん使ってもらえるのに、ぼくはちっとも役に立たないんだもの…。

●しろくん１を表裏転画しながら左右に動かす

あかくん　(声だけ)おーい、しろくーん。

あおくん　(声だけ)しろくーん、どこにいるの。

しろくん　あっ、あの声はあかくんとあおくんだ。
恥ずかしいからこの草むらに隠れていよう。

●しろくん１を草むらの後ろに隠す

2

●あかくん、あおくん続いて登場

あかくん　しろくーん。

あおくん　どう？　あかくん。

あかくん　やっぱり、こっちにもしろくんいないみたいだね。

あおくん　どこに行っちゃったのかなあ。

●しろくんを探すように、あかくん、あおくんを表裏転画する

あかくん　ねえ、あおくん。ぼくたちしろくんに悪いことしたかもしれないね。ともちゃんがぼくたちのことたくさん使ってくれるから、きのうもふたりで自慢話をしたじゃない。
「ぼく、ともちゃんからきょうも使ってもらったよ。赤くてすてきなリボンにね」なんて。

あおくん　そうだね、きっと。
「ぼくだって、青い空でたくさん使ってもらったんだ」なんて大きな声で言ったから、しろくんに聞こえちゃったかもしれないね。
しろくん、ここのところ使ってもらってないから、気にしちゃったんだよ、きっと。

あかくん　早く捜して「ごめんね」ってあやまろう。

あおくん　そうしよう。

あかくん　しろくーん。
あおくん　しろくーん。
●あかくん、あおくん下手へ退場。しろくん１上手から出てくる
しろくん　困ったな。あかくんやあおくんにまで心配かけちゃって、ますます帰りにくくなっちゃった。
ともちゃん　(声だけ)しろくーん。どこー。しろくーん。
しろくん　あっ、今度はともちゃんの声だ。どうしよう…。やっぱり、あそこに隠れていよう。
●しろくん１を草むらの後ろに隠す

●上手からともちゃん登場
ともちゃん　しろくーん。どこー。しろくーん。
●表裏転画しながら捜す
しろくん、どこに行っちゃったのかしら。きょう、先生からいいことを教えてもらったのに、しろくんがいないと絵がかけないわ。
●下手からイヌのシロ登場
シ　ロ　キャン、キャン！　キャン、キャン！
ともちゃん　あら、シロも心配して来てくれたの。
シ　ロ　キャン、キャン！
ともちゃん　それにしても、しろくんはどこに行ったのかしら…。
シ　ロ　キャン、キャン！　キャン、キャン！キャン、キャン！　キャン、キャン！
●シロ、草むらの前でともちゃんに知らせる

ともちゃん　シロ、どうしたの？
シ　ロ　キャン、キャン！　キャン、キャン！
●しろくん１を草むらの後ろから出す
ともちゃん　まあ、しろくんじゃない！　よかった、見つかって。シロ、どうもありがとう。
●しろくん１を下手側に移動させながら
しろくん　ともちゃん、ごめんなさい。ぼく、ともちゃんにたくさん使ってもらうほかの友達がうらやましくて…。
●ともちゃんとシロは、そのままの位置で向きを変える

ともちゃん　そうだったの…。でも、しろくん、もうだいじょうぶ。いいニュースがあるの。
しろくん　なあに、ともちゃん、いいニュースって。
ともちゃん　あのね。きょう先生が色画用紙を出してくれてね、みんなで遠足の絵をかいたの。白いクレヨンをたくさん使って楽しい絵がたくさんかけたのよ。
しろくん　ほんと？
ともちゃん　ほんとよ。だから、おうちでも色画用紙にかこうと思ったら、しろくんいないんだもの…。
しろくん　ごめんなさい。それじゃ、ぼくも使ってもらえるんだね。

ともちゃん　もちろん、しろくんがいないとかけないの。
しろくん　わあ、うれしいな、うれしいな…。
●しろくん1としろくん2を直角転画で入れ替える
うれしいな、うれしいな！
シ　ロ　キャン、キャン！

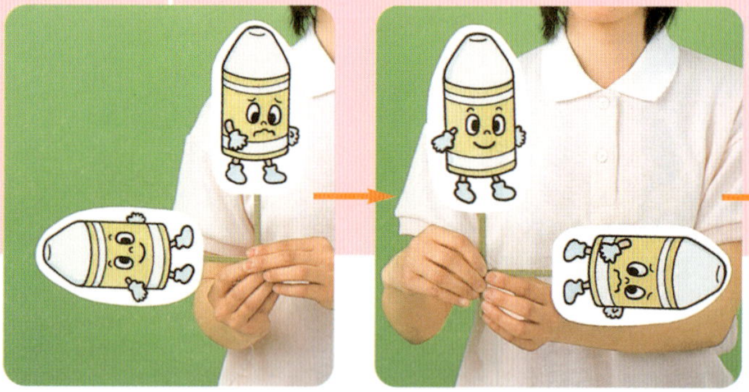

しろくん1としろくん2の直角転画

●下手から、あかくん、あおくんを登場させる
あかくん　ともちゃーん。しろくん見つかった？　あっ、しろくんだ！
あおくん　ほんとだ、しろくん。よかったね。
しろくん　あかくん、あおくん、ごめんね、心配かけて。でも、もうだいじょうぶだよ。だって、ともちゃんがたくさん使ってくれるんだって。
あかくん　よかったね。
あおくん　よかったね、しろくん。
ともちゃん　あかくん、あおくんも、ありがとう。さあ、おうちへ帰ってお絵かきしましょう。
あかくん／あおくん　行こう！　行こう！
しろくん　行こう！　行こう！
シ　ロ　キャン！
（ロンドン橋のメロディーで）
保 育 者　♪おえかきは　たのしいな　たのしいな
たのしいな
おえかきはたのしいな　みんなでかこう
●繰り返し楽しくうたいながら、絵人形すべてを順に退場させる。草むらも外す。

●ともちゃん、しろくん2を上手から出して

ともちゃん　さあ、しろくんかくわよ。
しろくん　いいですよ。
ともちゃん　ゴシゴシ　クルクル　ゴシゴシ　クルクル
大きなおむすびをかいて
♪おえかきは　たのしいな…
雲もかいて

●2体の絵人形をいっしょに左右に動かしながら、絵をかいているように見せる

シ　ロ　キャン、キャン、キャン。

●シロを上手から登場させる

ともちゃん　シロも応援してくれるの。
できた！

●あかくん、あおくんを登場させる

あかくん　ともちゃん、出来上がったの！
あおくん　見せて、見せて。
しろくん　ともちゃん、あのさあ、お友達のみんなにも見せてあげてよ。

●しろくん2としろくん3を直角転画で入れ替える

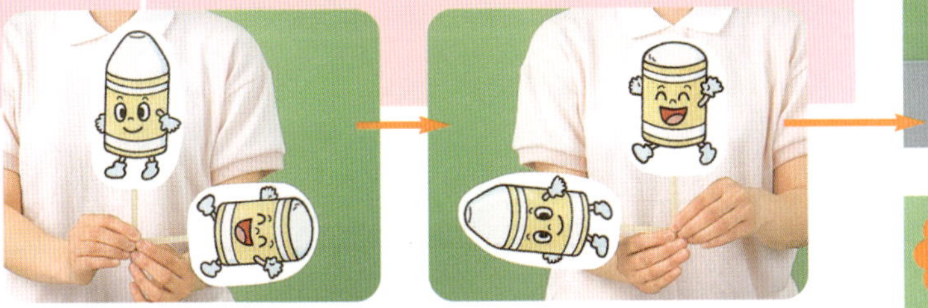

●絵を出してみんなに見せる

ともちゃん　はい、出来上がり。遠足で大きなおむすびを食べているところ。ゆうすけくんといっしょに食べたの。
あかくん　ともちゃん、じょうず。
あおくん　ほんとだね。
シ　ロ　キャン！
しろくん　ぼくも役に立ってよかった。
ともちゃん、ありがとう。
ともちゃん　こちらこそ、ありがとう。

●ロンドン橋のメロディーで楽しくうたう

保育者　♪おえかきは　たのしいな　たのしいな
たのしいな
おえかきはたのしいな　みんなでかこう

●絵を裏返して…

シ　ロ　キャンキャンキャン

おしまい。

お話ペープサートー3

十二支のはなし(ねことねずみ)

●演じる前に

「十二支の話」は、干支《えと》がどうして決まったか、という話ですが、同時にネズミがどうしてネコに追いかけられるようになったか、という由来話でもあります。毎年定番で楽しめます。

●ポイント

①この作品での絵人形は、ほとんど正面向きになっています。そのため、前後の動きを中心に構成してあります。左右の動きは逃げるネズミと追いかけるネコの場面だけになります。
②絵人形が多く、実演が難しそうですが、会話や動きのあるのは6体だけ。ナレーションを生かした話ですから、やさしく演じられます。
③子どもたちと今年の干支、来年の干支、自分の干支なども話題にしてみましょう。

●用意するもの

絵人形…ネズミ・ウシ・トラ・ウサギ・タツ・ヘビ・ウマ・ヒツジ・サル・ニワトリ・イヌ・イノシシ・ネコ・神様
逃げるネズミ・追いかけるネコ
段ボール(10×70cm)、木製舞台
絵人形を入れるケース
※絵人形の作り方は110ページ、型紙は172〜176ページ。
ケースの作り方は111ページ、型紙は191ページ。
木製舞台の作り方は111ページ。

絵人形を入れるケース

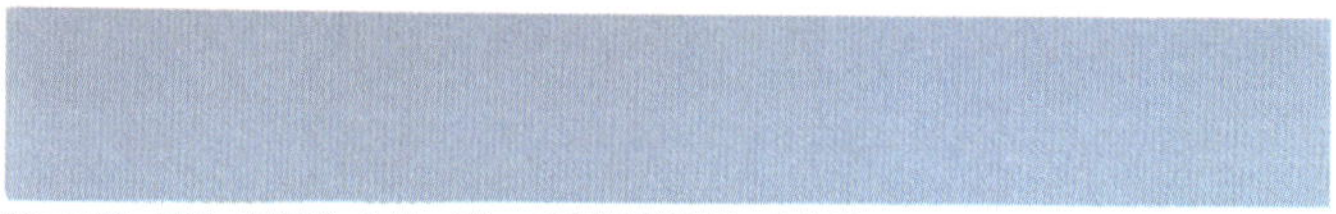
10cm×70cmに切った段ボールに、グレーの色画用紙をはったもの。
(十二支の動物を並べてはるのに使います)

●演じ方

●神様を下からゆっくり持ち上げて

ナレーター　むかし、むかしのお話です。ある日、神様がおっしゃいました。

神　様(保育者)　これからは、12匹の動物に1年ずつその年を守らせることにしよう。明日のお昼に私の所に来た動物、早い者から12匹だ。

●神様をゆっくり下ろす

ナレーター　それを聞いた動物たちは、「よし、明日の朝は早起きをして行こう」と、準備にかかりました。

●ネズミを中央後方から出してくる

ネズミ（保育者） どうしよう。どう考えても体の小さいぼくはみんなに負けてしまうぞ…。

●後方からネコを出しながら

ネ　コ（保育者） おーい、ネズミくん。神様が12匹の動物に１年ずつその年を守らせるとおっしゃったんだって。ぼくはちょうど昼寝をしていて聞いてなかったんだけど、それはいったいいつのことだい？

ネズミ うん、あのね…。えーと、そう、あさって、あさってのお昼に神様の所に行けばいいんだよ。

ネ　コ どうもありがとう。

●ネコをゆっくり沈めて外す

ネズミ あーあ、ネコさんにうそをついちゃった。悪いことをしたなー。

●ウシを後方から出しながら

ナレーター ネズミくんがそんなことを思っていたときです。ウシがやって来ました。話を聞くと、ウシは足が遅いので、もう今から出かけていくと言うのです。

ネズミ へー、ウシさんは今からか…。

●ネズミをウシの後ろに重ねながら

ナレーター ネズミは、ウシさんには悪いと思ったのですが、そっとウシの背中に乗りました。

ネズミ （小さな声で）ウシさんごめんね。

ナレーター ウシはそんなこととは知らないで、一生懸命に歩きました。夜になって、夜中じゅう歩き通して、朝になって、お昼前にやっと神様の所に着きました。

ナレーター ウシが「よかったー。自分が一番だ」と思ったとき、ネズミがポーンと背中から飛び降りました。

●ネズミを上手に下ろす

ネズミ ウシさん、ほんとにごめんね。ぼくが一番！

ナレーター ウシはちょっと残念に思いましたが、それでも二番です。ほっとしました。

5
ウシさん
ゴメンね。

●トラ、ウサギ、タツ、ヘビと出しながら

ナレーター その後、次々と動物たちがやって来ました。
トラ。
ウサギ。
タツ。
ヘビ。

6
ヘビ。

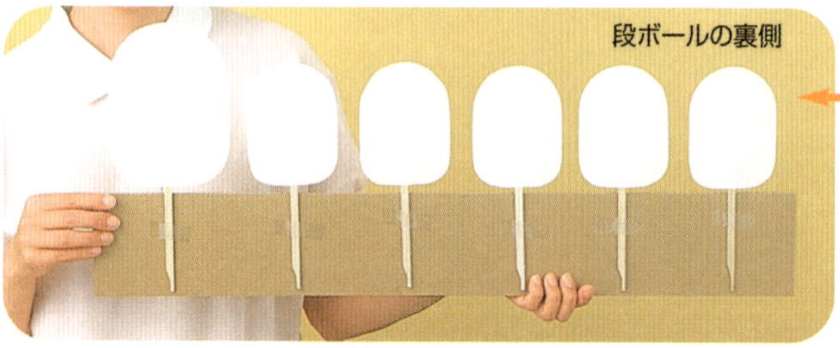
段ボールの裏側

※セロハンテープで固定する。

7

●段ボールにセロハンテープで固定した、ウマ、ヒツジ、サル、ニワトリ、イヌ、イノシシを出す

ナレーター 続いて
ウマ。
ヒツジ。
サル。
ニワトリ。
イヌ。
イノシシ。
ここまでで12匹です。

●神様を出して

神　様 この12匹に１年ずつその年を守らせることにする。

ナレーター 12匹の動物たちは大喜びで帰って行きました。

●神様と12匹の動物を外す

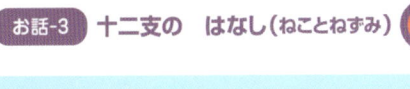

●ネコを中央後方から出す

ナレーター さて、その翌日、神様の所へやって来たのはネコです。神様は、その日はきのうだったと教えてくれました。

ネ　コ しまった、ネズミにだまされた！

●ネコを沈める

●逃げるネズミと追いかけるネコを出して

ナレーター それからというもの、ネコはネズミを見つけると、追いかけるようになりましたとさ。

ネ　コ まて、まてー、ネズミ！

ネズミ 逃げろ、逃げろー！

●舞台を左右に何往復か追いかけた後、ネズミだけ出して

ネズミ うそなんかつかなければよかったなー。

●ネズミを沈めて

ナレーター ところで、今年は何年《なにどし》でしたか？

（子どもたちの反応を受けて）

そう、ウマ年です。

●ウマの絵人形を出して

それでは来年は何年ですか？

（子どもたちの反応を受けて）

そうです。ウマの次に神様の所に着いたヒツジの年なんです。来年もよい年になるといいですね。

おしまい。

お話ペープサート－4

どっこいしょ だんご

●演じる前に

“おだんご”が“どっこいしょ”になるおもしろさ、リズミカルな展開を楽しみます。

●用意するもの

絵人形…若者・お嫁さん・座っている若者・お義母さんと座っているお嫁さん、
皿にのったおだんご、おだんご、川、草むら

木製舞台

※絵人形の作り方は110ページ、型紙は177～180ページ。木製舞台の作り方は111ページ。

●演じ方

●若者とお嫁さんを下手《しもて》に出しながら。

ナレーション　むかし、あるところに、若者とお嫁さんが二人で仲良く暮らしていました。
ある日、若者はお嫁さんの実家に一人でお使いに行くことになりました。

若　者　行ってくるからね。

お嫁さん　行ってらっしゃい。お母さんによろしくね。

●お嫁さんをはずして、上手《かみて》に草むらを立てる。

ナレーション　若者はお嫁さんに見送られて、出かけて行きました。
若　者　今日は、いいお天気だな。がんばって歩こう。
●舞台の左右に動かす。
よいしょ、よいしょ
よいしょ、よいしょ
ナレーション　1時間も歩くと、お嫁さんの実家に着きました。
●若者を上手《かみて》に退場させ、草むらもはずす。

●座っているお義母さんと、座っている若者を中央から出す。
お義母さん　おむこさん、よく来てくれました。娘は元気ですか。
若　者　はい、とても元気です。今度はいっしょに来ますから、楽しみにしていてください。
ナレーション　若者は、用事を先に済ませました。
お義母さん　おむこさん、ご苦労さまでした。ちょうどいいものをつくったところです。ぜひ、食べて行ってくださいな。

●お皿のおだんごを出しながら。
お義母さん　はい、どうぞ。
若　者　わあー、おいしそうだな。
いただきまーす!
●おだんごを出して若者の口に移して、下におろす。
モグモグ　モグモグ
●繰り返す。
若　者　お義母さん、とってもおいしいです。
モグモグ　モグモグ
モグモグ　モグモグ

●お皿を裏返しながら。

若　者　あー、おいしかった。お義母さん、ごちそうさまでした。

お義母さん　よかった、おむこさんに喜んでもらって。

若　者　ところでお義母さん、この丸くておいしいものはいったい何という食べ物ですか？

お義母さん　これは、おだんごですよ。娘も得意だから、こんどつくってもらうといいですよ。

若　者　へえー、おだんごですか。おだんご、おだんご。

●座っているお義母さん、座っている若者、お皿をはずして、下手《しもて》に草むらを出す。

●上手《かみて》から若者を出し、左右に歩きながら。

若　者　おだんご、おいしかったな。よし、忘れないように、言いながら行こう。おだんご、おだんご、おだんご、おだんご。

ナレーション　しばらく行くと、小川がありました。

●舞台中央に川を出す。

若　者　こんな川、ひとっとびだ。

●反動をつけて跳びあがる。

せーの、

どっこいしょ！

うまく跳べたぞ。

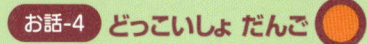

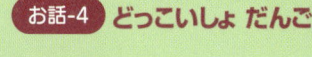

●川と草むらをはずしながら。

若者　えーと、あの丸くておいしいものは何だったかな。
ど、ど、どっこいしょだ。
どっこいしょ、どっこいしょ。
どっこいしょ、どっこいしょ。

ナレーション　やがて家へ着きました。

若者　今、帰ったよ。

●お嫁さんを下手《しもて》から出す。

お嫁さん　お帰りなさい。
お母さんは元気でしたか。

若者　とっても元気だったよ。

若者　そうだ、お義母さんからごちそうになった。
どっこいしょをつくってくれないかい？

お嫁さん　えっ？何ですか、その、どっこいしょって。

若者　どっこいしょだよ。ほら、丸くて、おいしいどっこいしょ。

お嫁さん　知りません、どっこいしょなんて。

若者　知らないはずないよ。ほら…、えーい!

●若者、お嫁さんの頭をたたくように動かす。その際、木魚などの効果音あると良い。

ポカン!

●お嫁さんを裏返す。

お嫁さん　いたい!
あー、おだんごみたいなこぶができちゃった。

若者　おだんごみたい…そう、おだんご。

お嫁さん　なあんだ、おだんごなら最初からそう言ってくれれば良かったのに。

ナレーション　若者は、お嫁さんに「ごめんね」と、心からあやまりました。

●若者、お嫁さんをはずして、座っている若者、座っているお嫁さんを出す。

お嫁さん　はい、おだんごですよ。

●中央におだんごの皿を出す。

若者　わあ!　ありがとう。

ナレーション　そのおだんごのおいしかったこと。

●おだんごを④と同様に若者に食べさせる。

おいしかったこと…。良かったね。

おしまい。

金の おの

●演じる前に

正直に生きることの大切さを知ると同時に、ペープサートの技法の楽しさを味わいます。

●用意するもの

絵人形…正直な木こり1、2・女神さま・木1、2・欲張りな木こり
　・湖・金のおの・銀のおの・鉄のおの・しぶき

木製舞台

※絵人形の作り方は110ページ、型紙は180～184ページ。木製舞台の作り方は111ページ。

裏——表

●演じ方

1
♪ぼくは、きをきるきこりさ

表裏の転角
直角転角
子どもたちから見た図

●下手《しもて》に木1・2、上手《かみて》に湖を立てる。
下手《しもて》から正直な木こり1、元気にうたいながら登場。

正直な木こり

♪ぼくは　きをきる　きこりさ
あさから　ばんまで　はたらく
びんぼうだけど　たのしい　かぞく
それだけで　それだけで　しあわせさ

今日もいい天気だな。よし、きょうはこの木を切ろう。

●下手《しもて》のほうを向けて、正直な木こり2と直角転画（写真参照）で入れ替える。

木こりのうた

作詞・阿部　恵／作曲・家入　脩

B♭ E♭ C7 F B♭ F B♭ B♭ E♭ F B♭
1.ぼーくはきをきる　きーこりさ　あさからばんまで　は たらく　びんぼうだけど　たのしいかぞく　そ れ だけで　そ れ だけで　し あ わ せ　さ
2.おーれはきをきる　きーこりさ　いーつもらくして　くら したい　びんぼうなんて　もういやだーー　か ね もちに　か ね もちに　な ー る の　さ

●クルリ、クルリと表裏転画しながら、

コーン! コーン!
それ!
カーン! カーン!

コーン! コーン!
それ!
カーン! カーン!

表裏の転角

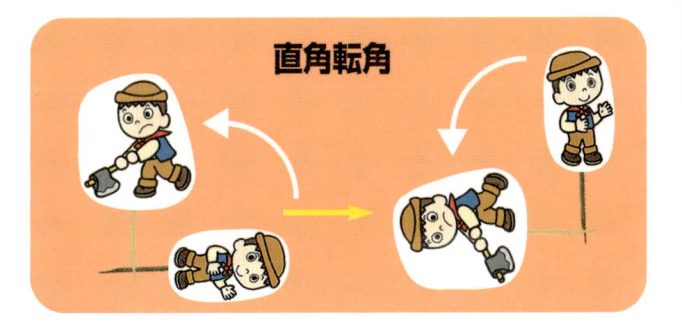

直角転角

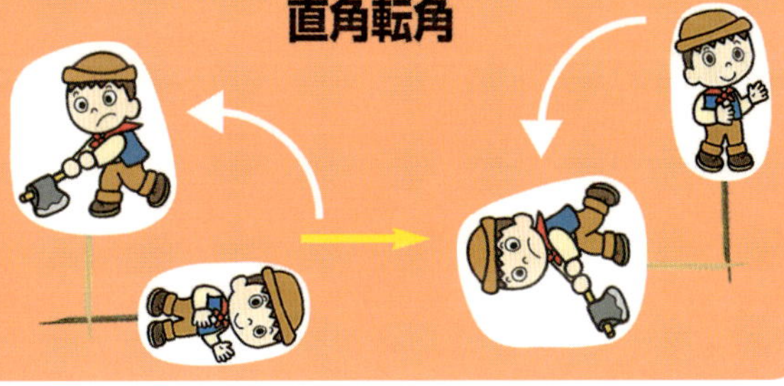

あっ!

●すばやく、正直な木こり2と正直な木こり1を直角転画させ、鉄のおのを出して、ゆっくり湖の後ろに落とす。

ひゅ〜〜〜〜〜〜〜。

●湖の後ろから、しぶきをゆっくり出しておろしながら、

ボチャーン!

2
あっ!
ひゅ〜。

3
ボチャーン!

4
たいへんだ。
おのが…

正直な木こり　た、たいへんだ。おのが湖に落ちちゃった! どうしよう、こんな深い湖だと取れないぞ。

●正直な木こりを左右に動かしながら。

困ったな…、おのがないと仕事ができなくなってしまう。
どうしよう…。
困ったな…。

●トライアングルのトレモロを効果音として奏でる。

●湖からゆっくり女神を出す。

女　神　木こりさん、木こりさん。そんなに悲しむことはありません。

正直な木こり　あっ、女神さま。

●金のおのを下からゆっくり出しながら。

女　神　木こりさん、あなたの落としたおのは、このおのですか。

正直な木こり　それは金のおの。女神さま、とんでもありません。わたしのおのはそんな立派なものではなくて鉄のおのです。

●金のおのをおろし、同様に銀のおのに替えて。

女　神　それでは木こりさん、このおのですか。

正直な木こり　ちがいます。それは銀のおのです。わたしのおのは、こんないいものではなくて、鉄のおのです。

女　神　わかりました。

●銀のおのをおろし、同様に鉄のおのに替えて、

木こりさんの落としたおのはこれですね。

●鉄のおのを正直なきこりに移しながら。

それから、この銀のおのも、金のおのもあげましょう。それは、木こりさん、あなたが正直だったからです。

●銀のおの、金のおのを渡して、スーと湖の中に消える。

正直な木こり　あっ、女神さまー!

●正直な木こり、おの、湖、木2をはずし、木1を上手《かみて》に移す。
正直な木こり、おのを3本持って上手《かみて》から登場。

正直な木こり　不思議なこともあるもんだな…。

●下手《しもて》から、欲張りな木こりも登場。

欲張りな木こり　♪おれは　きをきる　きこりだ
いつも　らくして　くらしたい
びんぼうなんて　もういやだ
かねもちに　かねもちに　なるのさ

やっ！　いったいどうしたんだ、その金のおのと銀のおのはー。

正直な木こり　実は……。

欲張りな木こり　なんだって、よし！　おれも行って金のおのをもらってこよう。

●欲張りな木こりを上手《かみて》に移動させて退場。

正直な木こり　家のみんなは、びっくりするだろうな。

●正直な木こりを下手《しもて》に移動させて退場。

●下手《しもて》に木1・2、上手《かみて》に湖を立てる。

●下手《しもて》から欲張りな木こり登場。

欲張りな木こり　よし、ここでおのを投げればいいんだな。それ――！

●おのをゆっくり湖に落として、③と同様に水しぶきを出して、おろす。

ドボーン！
さあ、女神さま、女神さま。早く出てこい女神さま。

●トライアングルの効果音とともに、女神を出す。

女　神　木こりさん、あなたの落としたおのは、このおのですか。

●金のおのを⑤と同様に出す。

欲張りな木こり　そうです！　その金のおのです！

女　神　わかりました。あなたは欲張りな人です。

●女神はゆっくり下に消える。

●欲張りな木こりを左右に動かしながら、

欲張りな木こり　あ〜っ、女神さまー。金のおのー。銀のおのー。ウェーン　ウェーン。

ナレーション　やっぱり欲張りはよくないですね。

おしまい。

誕生会

おおかみおばけの誕生会

表――裏

●演じる前に

友だちの大切さ。友だちに祝ってもらう誕生会の楽しさを感じます。

●用意するもの

絵人形…おおかみ・うさぎ・きつね・ぶた・木・草むら1、2・切り株・わたあめ・焼きとうもろこし・たいやき

仕掛け…おばけ（おおかみの絵人形にすっぽりかぶせられるように、ポケット状につくったもの）

小道具…大太鼓（おばけの登場の場面で使う）・紙吹雪（色紙や広告紙を細かく切ったもの）・クラッカー

木製舞台

※絵人形の作り方は110ページ、型紙は184～189ページ。
木製舞台の作り方は111ページ。

●演じ方

●草むら1を下手《しもて》に、木を上手《かみて》に固定しておく。
おおかみ、ガラガラ声で歌いながら（適当なメロディで）上手《かみて》より登場。

おおかみ ♪うれしい　うれしい
たんじょうび
きょうは　おれさまの
たんじょうび…………

（間）

●舞台の中央を左右に動きながら。

あ～あ、今日はおれさまの誕生日だというのに、腹ぺこだし、お祝いしてくれる友だちもない。

●「グ～」と、お腹の鳴る音を口で表現する。
急に思いついたように。

そうだ！　確かきょうは、あっち村の縁日だって言ってたから、ここをおいしいものを持った子どもが通るに違いない。
よし！　それをいただいて……。
一人だって誕生パーティーくらいできるや～い！

（少しの間）

でも待てよ。このおおかみが、子どものおやつを取ったなんてうわさがたったらいやだからな。何かいい考えは…。

●はりきった声で、

そうだ、おばけだ！

●上手《かみて》に入って、再び出てくる。

シーツをかぶって…。

●シーツのおばけをかぶせながら、

これでよし。
ウオ～、おおかみだぞ～!　じゃない。

●大太鼓を効果音として、
ドン ドン ドン **ドン** **ドン**と入れながら、

お～ば～け～だ～ぞ～。
これなら、うまくいきそうだ。

●下手《しもて》を見て、

やっ、向こうからうさぎがやってくる。
しめ、しめ…。

●木の後ろに隠れる。(子どもからは、見えるように立てる)

●うさぎ、わたあめを持って下手《しもて》から登場。

うさぎ　♪ピョンピョンピョンピョン…
(適当なメロディで)
おいしそうなわたあめ。おうちに帰って、みんなで食べよ。

●うさぎが木の手前まで来たときに、おおかみを出す。大太鼓を効果音として入れる。

おおかみおばけ　お～ば～け～だ～ぞ～。
うさぎ　わー、おばけ～、たすけてー。
おおかみおばけ　そのわたあめ置いてけ～。
うさぎ　置いていきます。置いていきます!

●わたあめを置いて、上手《かみて》に逃げて行く。

おおかみおばけ　やった、やった!　わたあめ一ついただき。
(少しの間)
ややっ!。こんどはきつねがやってくる。
しめ、しめ。

●わたあめを持って、上手《かみて》の木の後ろに隠れる。わたあめは、はずす。

●きつね、焼きとうもろこしを持って下手《しもて》から登場。

きつね ♪コンコンコンコン……
（適当なメロディで）
おいしそうな焼きとうもろこしだな。おうちに持って帰って、みんなで食べよ。

●きつねが木の手前まで来たときに、同様に効果音を入れておおかみを出す。

おおかみおばけ お～ば～け～だ～ぞ～。

きつね わー、おばけ～、たすけてー。

おおかみおばけ その焼きとうもろこし、置いてけ～。

きつね 置いていきます。置いていきます。

●同様に上手《かみて》に逃げて行く。

おおかみおばけ やった、やった！　焼きとうもろこし一つ いただき。
（少しの間）
ややや っ！　こんどはぶたがやってくる。しめ、しめ。

●同様に上手《かみて》の木の後ろに隠れる。焼きとうもろこしは、はずす。

●ぶた、たいやきを持って下手《しもて》から登場。

ぶ　た ♪ブーブーブーブー……
（適当なメロディで）
おいしそうなたいやきだな。早くおうちに持って帰って、みんなで食べよ。

●ぶたが木の手前まで来たときに、同様に効果音を入れておおかみを出す。

おおかみおばけ お～ば～け～だ～ぞ～。

ぶ　た わー、おばけー、たすけて――。

おおかみおばけ そのたいやき、置いてけ～。

ぶ　た 置いていきます。置いていきます。

●同様に上手《かみて》に逃げて行く。

おおかみおばけ やった、やった！　たいやき一ついただき。
それにしても、うまくいった。
もう、シーツはいらない。

7

●シーツのおばけをはずす。
わたあめ、焼きとうもろこしを出しながら。

おおかみ　わたあめに焼きとうもろこしにたいやきと、これを持って、むこうで大パーティだ。

●わたあめ、焼きとうもろこし・たいやきを持って上手《かみて》に退場する。

●上手《かみて》の木をはずして、草むらと入れ替える。

●下手《しもて》から、うさぎ・きつね・ぶたと順にいきせききって出す。

うさぎ　ハァハァハァ、あーこわかった。ここまで来ればもうだいじょうぶ。

きつね　おーい、うさぎさーん待ってくれよー。ハァハァハァ.…。

ぶ　た　おーい、うさぎさーん、きつねくーん、待ってくれよー。いま、おばけに追いかけられたんだ。ハァハァハァ、あーこわかった。

うさぎ
きつね　エッ!　おばけ!　ぶたくんも…。

8
ハァー、ハァー。

9
おかしいね…

ぶ　た　うん。たいやき置いてけって。

きつね　ぼくも、焼きとうもろこし置いてけって。

うさぎ　わたしも、わたあめ置いてけって。

●お互いに、確かめ合うように、

みんな　おかしいね…。

(間)

うさぎ　そういえば、おばけって夜出るんだよね。

きつね　何だか、しっぽみたいのが見えたようだけど…。

ぶ　た　声もがらがら声だった。

みんな　もしかして!　よし、そっと行ってみよう。

●下手《しもて》に消える。

●上手《かみて》に木、中央に切り株とおおかみを出す。
おおかみ、空《から》元気で誕生日の歌をうたうが、だんだん元気がなくなる。

おおかみ　♪うれしい　うれしい
たんじょうび
きょうは　おれさまの
たんじょうび……
（間）
ごちそうはあるんだけど、一人で自分の誕生日をお祝いしても、ちっとも楽しくないやー。

●上手《かみて》の木の陰から、うさぎ・きつね・ぶたと順にのぞかせながら。ヒソヒソ声で。

うさぎ　やっぱり、おおかみ。

きつね　今日が誕生日だって。

ぶ　た　ぼくたちのおやつを取ったのは許せないけど、ちょっとかわいそうな気もするね。

みんな　そうだね。
よし、みんなで相談しよう。
あのね…、いいね…そうしよう。
（間）

12

おおかみ　あ～あ、やっぱり誕生日までに友だちをつくっておけばよかったなー。

みんな　（せーの）わっ！

●三匹を後ろからいきなり出す。
おおかみ、大きく跳び上がりながら、

おおかみ　ひゃー！　びっくり。
みんな、ごめんよ。おばけのまねをして、おやつを取ったのは、このオレだよ。

みんな　おおかみさん、もう二度といじわるしないかい?

おおかみ　しないよ、しない。約束する。

みんな　それなら…、せーの
おおかみさん、お誕生日、おめでとう!

●クラッカーを鳴らして、紙吹雪を飛ばす。
●絵人形を動かしながら、楽しく歌う。

♪ハッピー　バースデー　トゥ　ユー
ハッピー　バースデー　トゥ　ユー
ハッピー　バースデー
ディア　おおかみさん
ハッピー　バースデー　トゥ　ユー

みんな　おめでとう!

おおかみ　みんな、ありがとう。
これから友だちになってくれるかい?

みんな　もう友だちだよ。

おおかみ　うれしいな、うれしいな。
友だちできて、うれしいな。
誕生パーティ、うれしいな。

●木を裏返して「おわり」を出す。

おわり。

※「ハッピー・バースディ・トゥ・ユー」
作詞/作曲・HILL MILDRED J
HILL PATTY SMITH

●絵人形の作り方

用意するもの

- ●薄手の画用紙（B4･A3）
- ●竹串（横5～6㎜×幅2～3㎜×縦28㎝くらいのもの）
- ●水彩絵の具またはソフト色鉛筆･マーカーなど
- ●のり
- ●ハサミ・カッターナイフ
- ●おもしにする電話帳
- ●112ページ以下の型紙

①薄手の画用紙に141～200％ぐらいで拡大コピーします。

（手差し機能のあるコピー機なら可能です。
その機能がないときは、普通紙に拡大コピーしたものを、
そのまま画用紙にスプレーのりなどではりつけてください。）

②水彩絵の具（ソフト色鉛筆またはマーカーなど）で
着色します。

③竹串を図のように削り、くしを絵人形の間に
挟んでのりづけします。

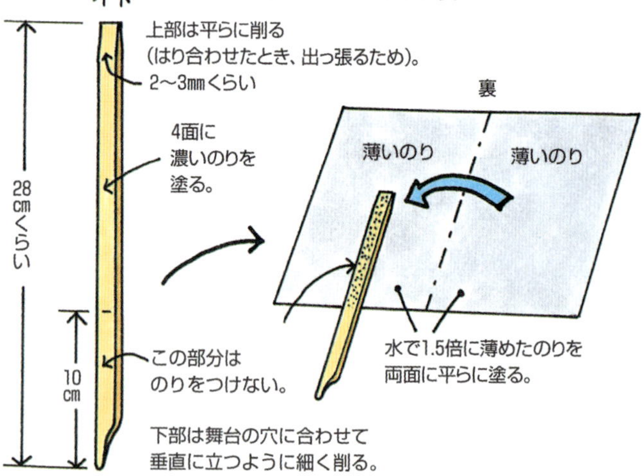

5～6㎜
くらい
上部は平らに削る
（はり合わせたとき、出っ張るため）。
2～3㎜くらい
4面に
濃いのりを
塗る。
28㎝くらい
10㎝
この部分は
のりをつけない。
下部は舞台の穴に合わせて
垂直に立つように細く削る。
裏
薄いのり
薄いのり
水で1.5倍に薄めたのりを
両面に平らに塗る。

④表裏よく合わせて平らにつけて、のりが乾かない
うちにプラスのカーブだけで切り取ります。

良い例
プラスの
カーブ
悪い例
マイナス
のカーブ
角を丸く切りな
がら仕上げる。

⑤電話帳の間に挟んで、1日おもしをして出来上がり。

電話帳
出来上がり。

●割りばしを使う場合

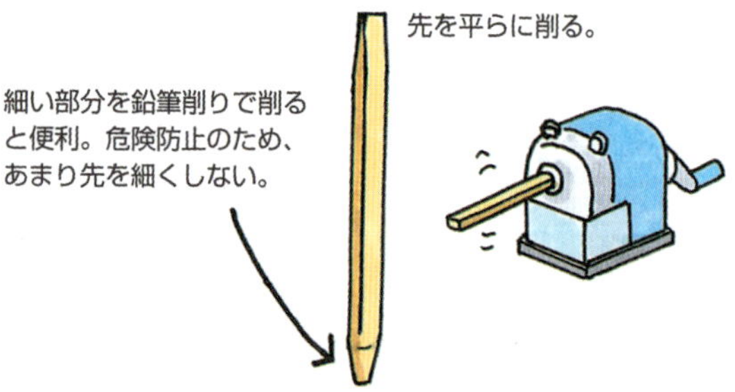

先を平らに削る。

細い部分を鉛筆削りで削ると便利。危険防止のため、あまり先を細くしない。

※絵人形には、片面のみのものもあります。

※片面のみの場合は、薄手の画用紙とはりあわせます。

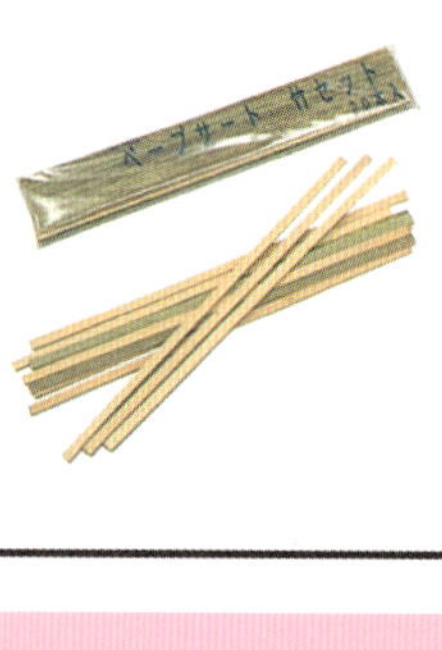

ペープサート竹セット

**ひかりのくに
ペープサート竹セット**

ペープサート遊びをする際に使用する竹ぐしのセットです。20本入り。長さ約28㎝。

●木製舞台の作り方

※さらに簡単に作れる舞台として、
段ボール舞台（P.45のひもを付けないもの）もあります。
ただし、舞台の高さや幅は異なります。

用意するもの

●角材（4～5cm角、90cm長さ）
●合板ベニヤ（5mm厚、10cm＋角材幅、90cm長さ）
●黒、グレーまたは茶色のペイントスプレー
●木工用接着剤
●きり
●くぎ、金づち

①角材にきりで穴をまっすぐあけます。

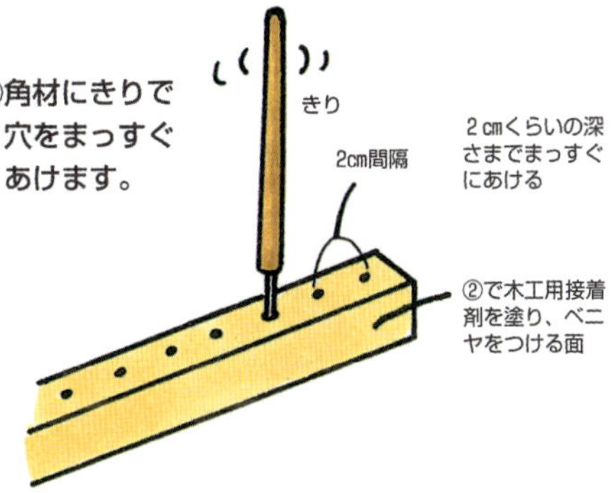

きり
2cm間隔
2cmくらいの深さまでまっすぐにあける
②で木工用接着剤を塗り、ベニヤをつける面

②木工用接着剤とくぎでベニヤをつけます。

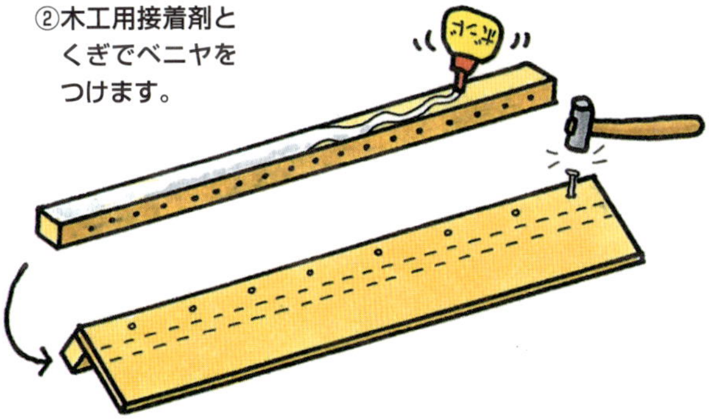

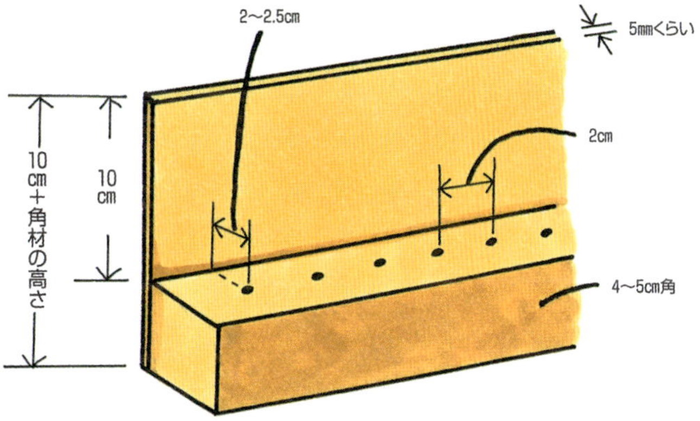

2～2.5cm
5mmくらい
2cm
10cm＋角材の高さ
10cm
4～5cm角

③舞台の前面にペイントスプレーをかけます（黒、青または茶）。

ベニヤ
新聞紙
ペイントスプレー

④出来上がり。

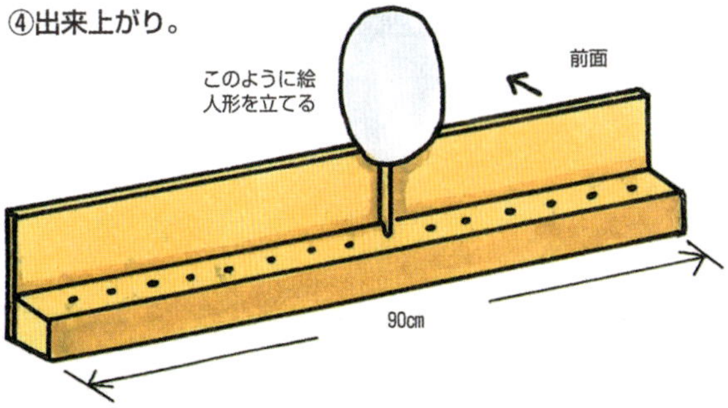

このように絵人形を立てる
前面
90cm

●作品ケースの作り方

用意するもの

●ボール紙
●和紙、ラッピングペーパーなど
●色鉛筆、マーカーなど
●ハサミ、のり、両面テープなど
●111ページの型紙のコピー

※ケースの型紙は190・191ページにあります。
ケースの型紙がない作品も、これを参考に工夫して作ってみましょう。

①ボール紙を図のように切り、ポケット状に作ります。

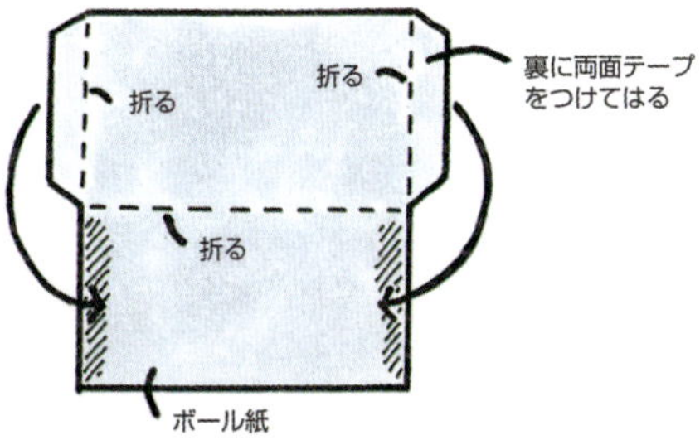

折る
折る
折る
裏に両面テープをつけてはる
ボール紙

②周りに和紙などをはり、その上に色を塗った型紙のコピーを切り抜いてはります。

ペープサートをしまう
はる
だれのはな
和紙などをはる

●型紙（112～191ページ）

P.8～みんないっしょに　いないいないばあ

アリ

ダンゴムシ

ヒヨコ

ネコ

←初めに等倍（100%）でコピーし　この線で切り離すと、拡大コピーするとき便利です（約200%）。用紙は薄手の画用紙が最適です。作り方は110ページです。

●アリ

表

はり合わせる

裏

●ダンゴムシ

表

はり合わせる

裏

●ヒヨコ

表

はり合わせる

裏

●ネコ

表

はり合わせる

裏

★切り取り等倍200%でコピーし、この線で切り離すと、拡大コピーするとき便利です（約200%）。用紙は薄手の画用紙が最適です。作り方は10ページです。

●ブタ

表

はり合わせる

裏

●クマ

表

はり合わせる

裏

●怪獣

表

はり合わせる

裏

●全員

表

↑初めに等倍(100%)でコピーし、この線で切り離すと、拡大コピーするときに便利です(約14%)。用紙は薄手の画用紙が最適です。作り方は11ページです。

←この線を目安にはり合わせる

●全員

裏

↑この線を目安にはり合わせる

この線で切り離すと、拡大コピーするときに便利です（約141%）。用紙は薄手の画用紙が最適です。作り方は10ページです。

裏

はり合わせる

表

●キーちゃん

裏

はり合わせる

表

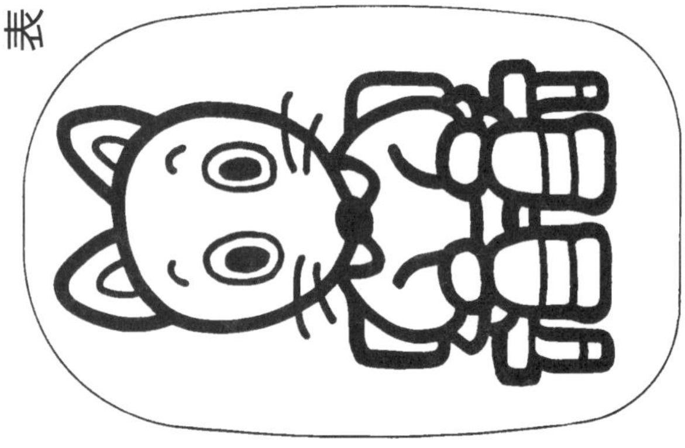

●コンくん

●ポンちゃん

裏

はり合わせる

表

●メーくん

裏

はり合わせる

表

★初めに等倍(100%)でコピーし、この紙で切り離すと、拡大コピーするときに便利です(約150%)。用紙に薄手の画用紙が最適です。作り方は17ページです。

✂切り取り線部分(200%でコピーし、この線で切り離すと、拡大コピーするとき便利です（約50%）。用紙は薄手の画用紙が最適です。作り方は10ページです。

P.14〜おへんじ はーい！ ミミ子先生

●ミミ子先生

表　裏

はり合わせる

P.16〜にらめっこしましょ ネコ

●ネコ

表　裏

はり合わせる

●ダルマ

裏

表

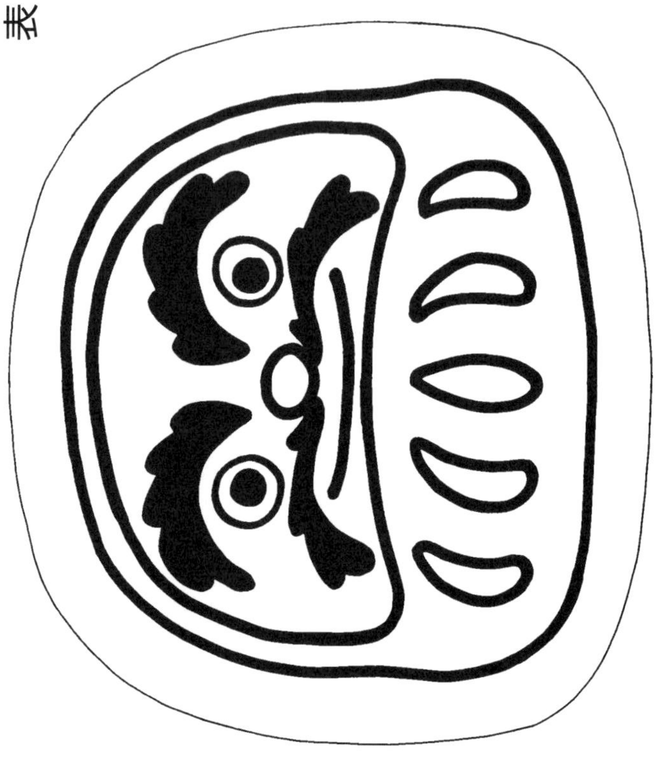

●パンダ

裏

はり合わせる

表

←初めに等倍（100%）でコピーし、この線で切り離すと、拡大コピーするとき便利です（約150%）。用紙は薄手の画用紙が最適です。作り方は11ページです。

↑切りこ等倍(100%)でコピーし、この線で切り離すと、拡大コピーするとき便利です(約50%)。用紙は薄手の画用紙が最適です。作り方は10ページです。

●イヌ

裏

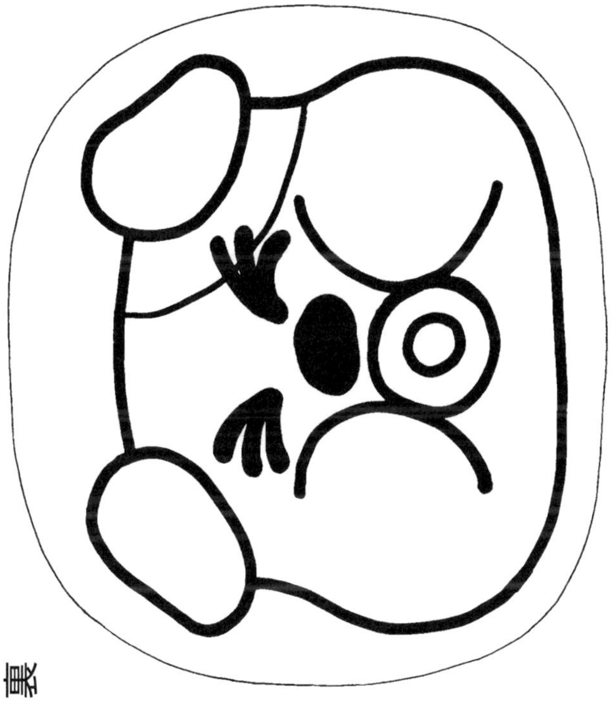

はり合わせる

表

●オバケ

裏

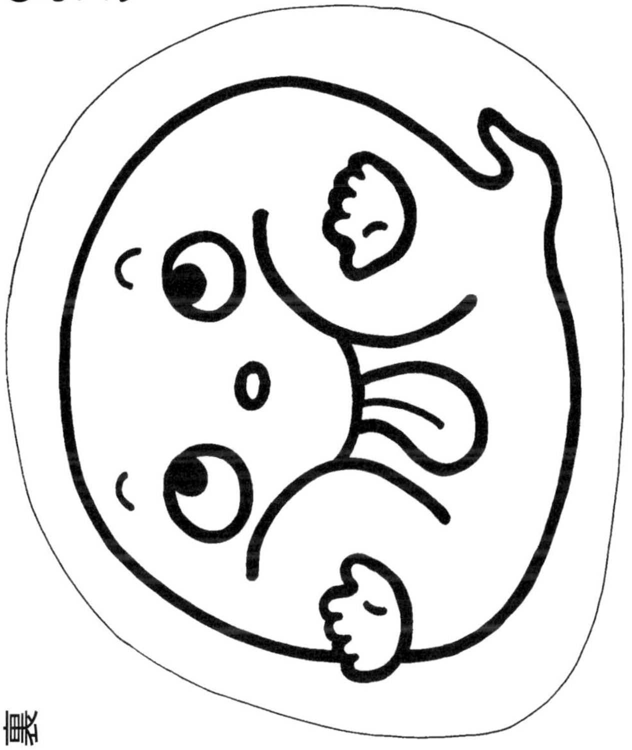

はり合わせる

表

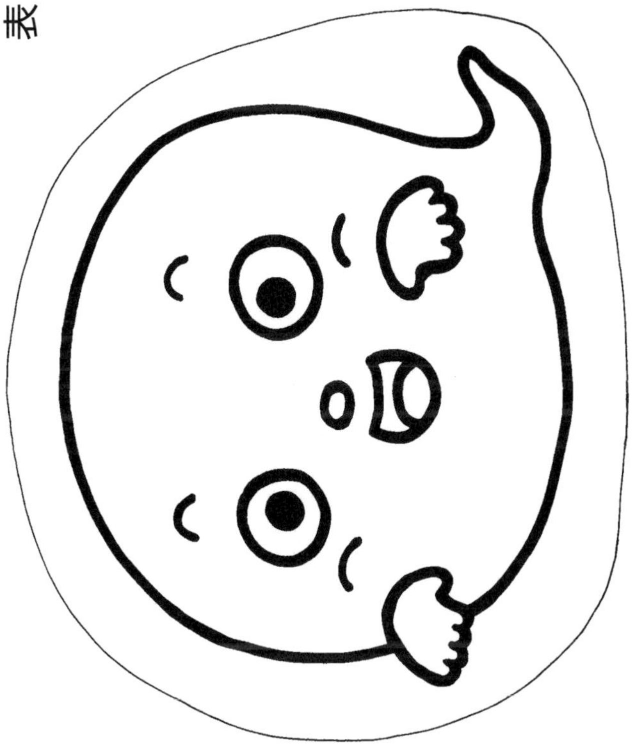

●ネズミくん

表　裏

はり合わせる

●ブタちゃん

表　裏

はり合わせる

←初めに等倍（100%）でコピーし、この線で切り離すと、拡大コピーするとき便利です（約180%）。用紙は薄手の画用紙が最適です。作り方は110ページです。

→初めに等倍(100%)でコピーし、この線で切り離すと、拡大コピーするとき便利です(約180%)。用紙は薄手の画用紙が最適です。作り方は110ページです。

●ネコちゃん

表

裏

はり合わせる

●ゾウくん

表

裏

はり合わせる

●ドア 1（リス）

表　裏

はり合わせる

●ドア 2（ウサギ）

表　裏

はり合わせる

←初めに等倍（100％）でコピーし、この線で切り離すと、拡大コピーするとき便利です（約180％）。用紙は薄手の画用紙が最適です。作り方は110ページです。

●ドア 3（クマ）

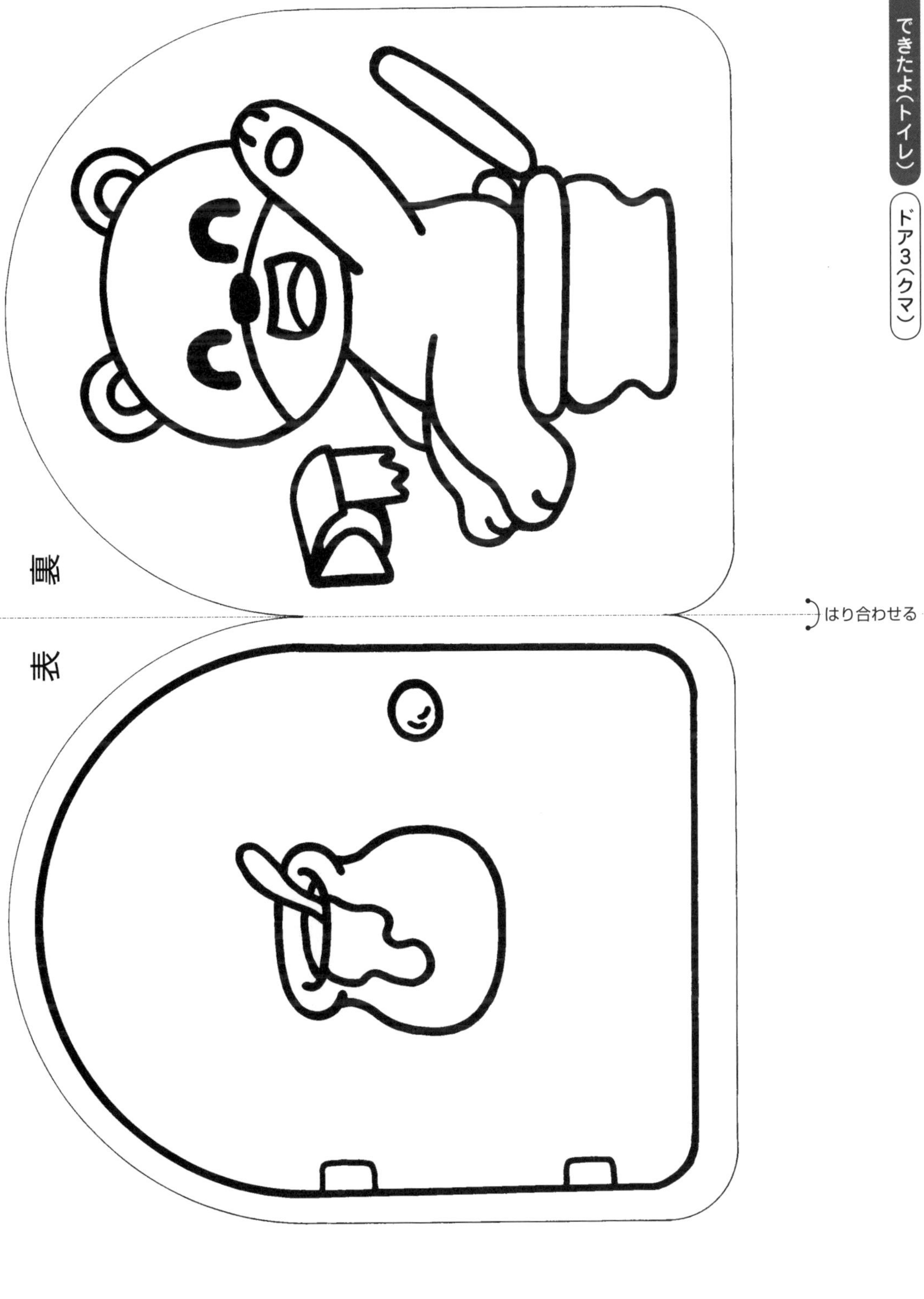

↑初めに等倍（100％）でコピーし、この線で切り離すと、拡大コピーするとき便利です（約180％）。用紙は薄手の画用紙が最適です。作り方は110ページです。

←初めに等倍（100%）でコピーし、この線で切り離すと、拡大コピーするとき便利です（約200%）。用紙は薄手の画用紙が最適です。作り方は110ページです。

●はしご消防車

表

裏

はり合わせる

●パトカー

表

裏

はり合わせる

↑初めに等倍(100%)でコピーし、この線で切り離すと、拡大コピーするとき便利です(約200%)。用紙は薄手の画用紙が最適です。作り方は110ページです。

●飛行機

表　裏

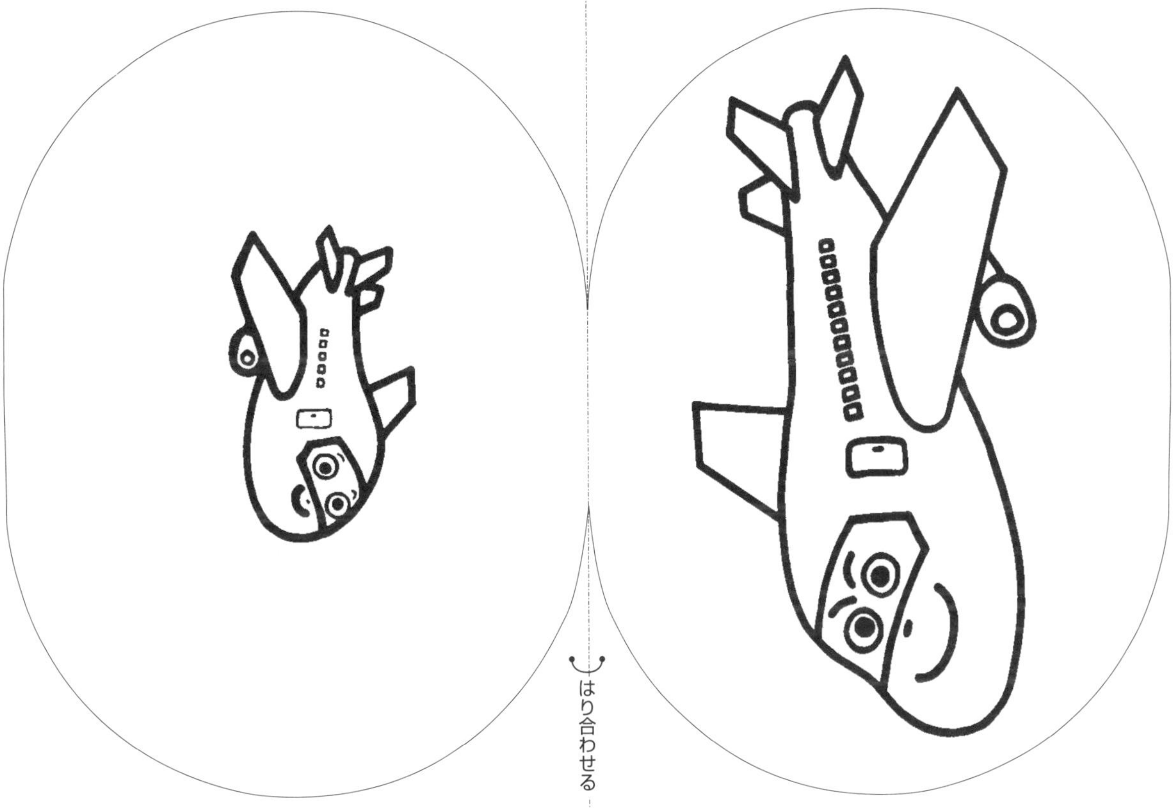

●救急車

表　裏

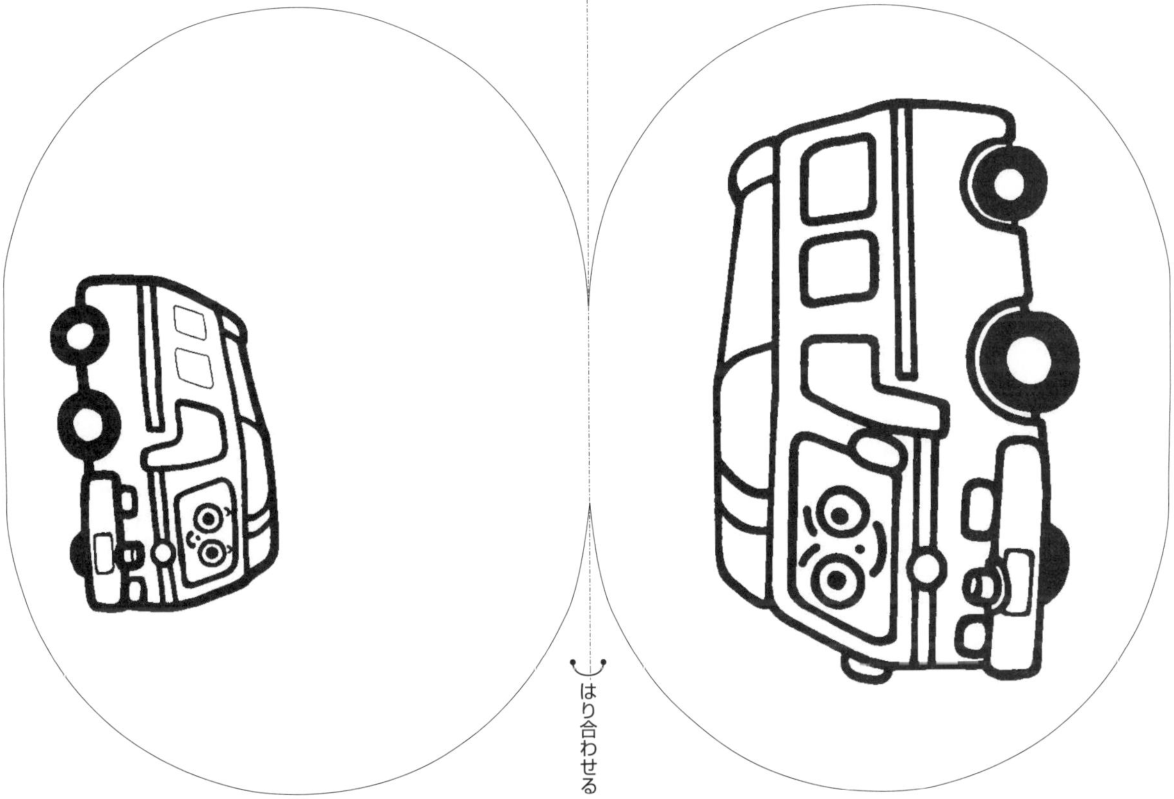

厚手の画用紙（20×70センチ）
① ② ③ ④ ⑤ ⑥ ⑦
すべて山折りにする
表
2 12 12 11 9 8 7.5 6.5 2

裏
2 2 4.5 7.5 8 9 11 12 10 2 2
両面テープ
両面テープ
竹串

しまうときは順に巻きこむ

※このページのイラストを型紙として使ってください（約400%に拡大）。色は、23ページを見て塗りましょう。

←初めに等倍(100%)でコピーし、この線で切り離すと、拡大コピーするとき便利です(約400%)。用紙は厚手の画用紙が最適です。

表

裏

●さる

はり合わせる

表

裏

●へび

はり合わせる

→初めに等倍(100%)でコピーし、この線で切り離すと、拡大コピーするとき便利です(約141～150%)。用紙は薄手の画用紙が最適です。作り方は110ページです。

←初めに等倍(100%)でコピーし、この線で切り離すと、拡大コピーするとき便利です(約141〜150%)。用紙は薄手の画用紙が最適です。作り方は110ページです。

裏

表

●きりん

はり合わせる

裏

表

●あひる

はり合わせる

●切り取り線の部分を200%でコピーして、この線で切り離すと、拡大コピーするとき便利です(約141〜150%)。用紙は厚手の画用紙が最適です。作り方は10ページです。

表

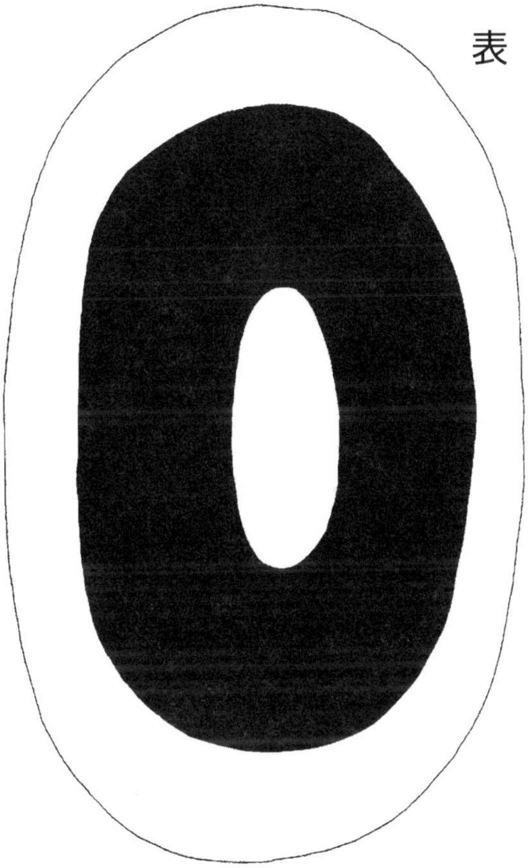

裏

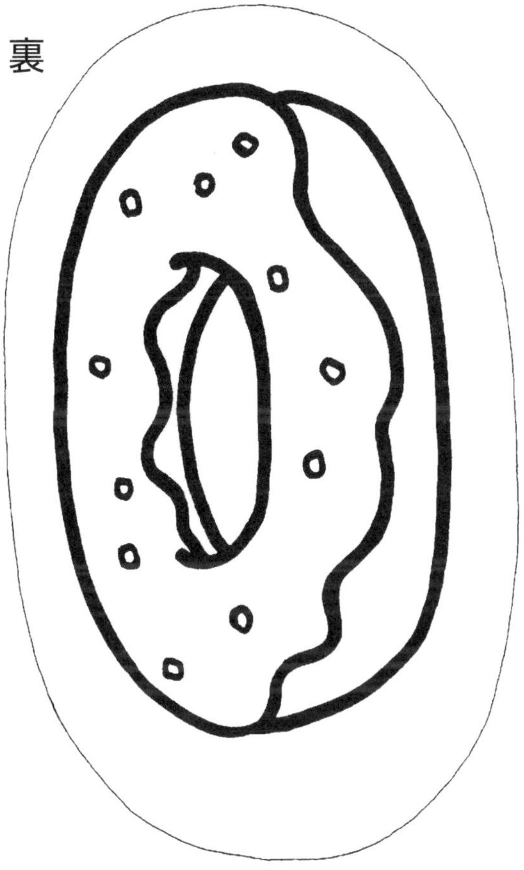

はり合わせる

●ドーナッツ

表

裏

はり合わせる

●カメラ

←初めに等倍(100%)でコピーし　この線で切り離すと　拡大コピーするとき便利です(約14～15%)。用紙は薄手の画用紙が最適です。作り方は11ページです。

●おにぎり

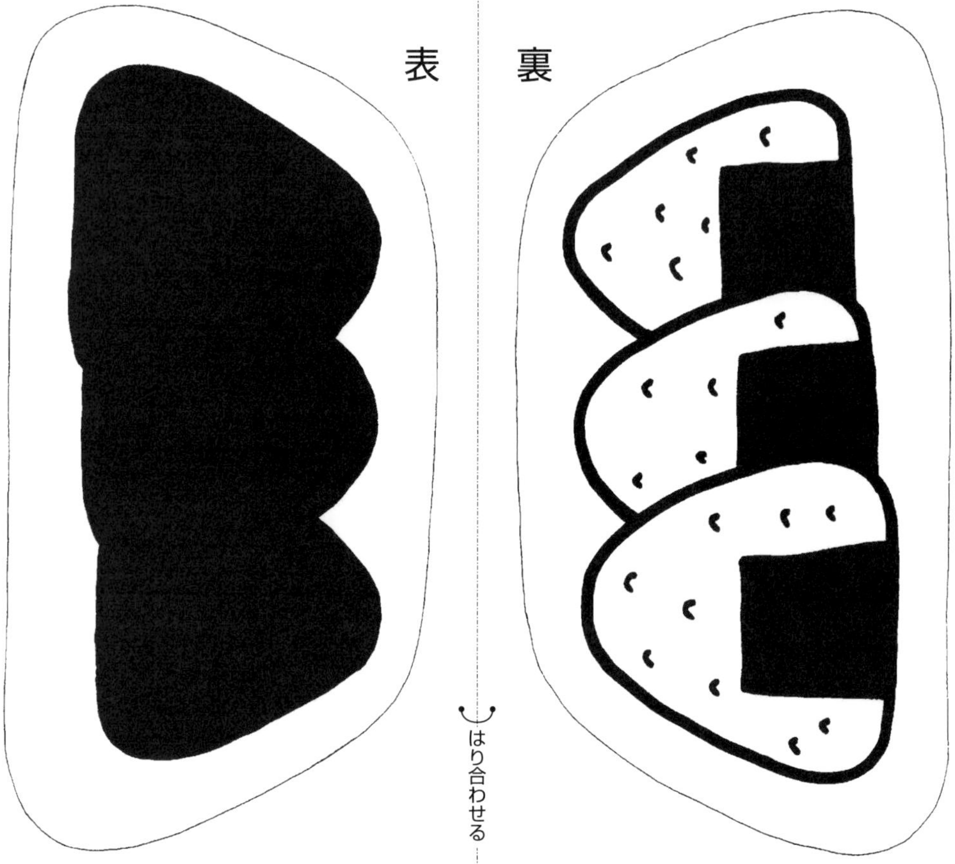

おりがみ ●チューリップ・ちょうちょう(P.34~)の作り方

おりがみ は基本的に15cm角のものを使います。また、すべて片面のみです。

三角に折って、さらに図のように折り上げる

①

たにおり

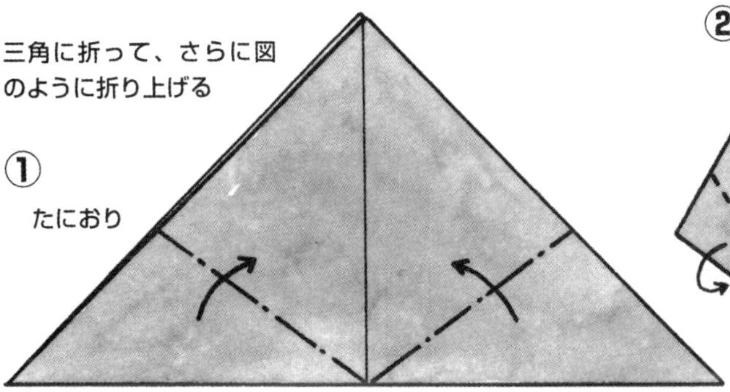

②

やまおり

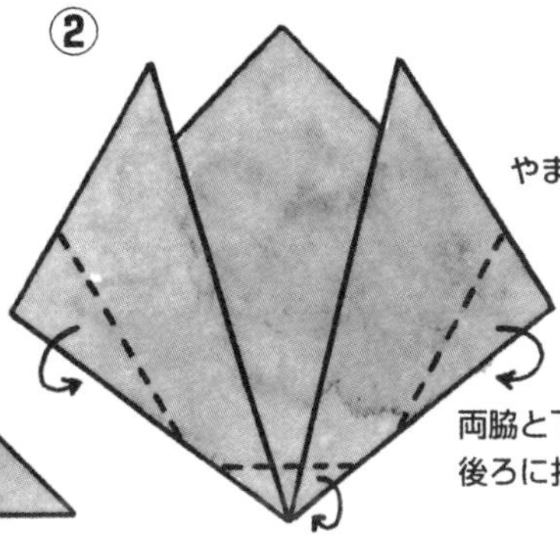

両脇と下を後ろに折る

③

花の完成

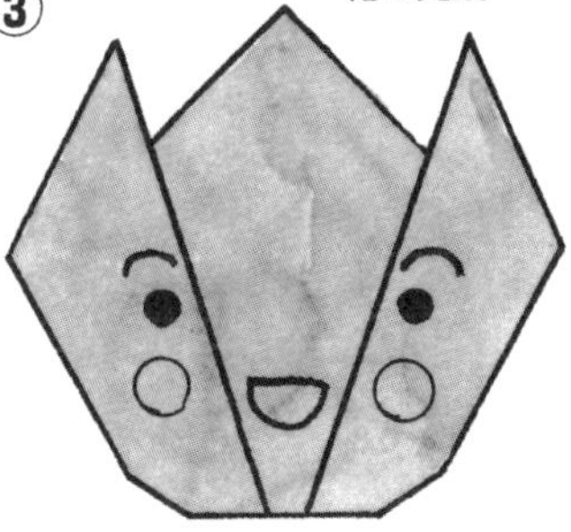

表情を入れる

④

とんがりに折って、さらに図のように折り上げる

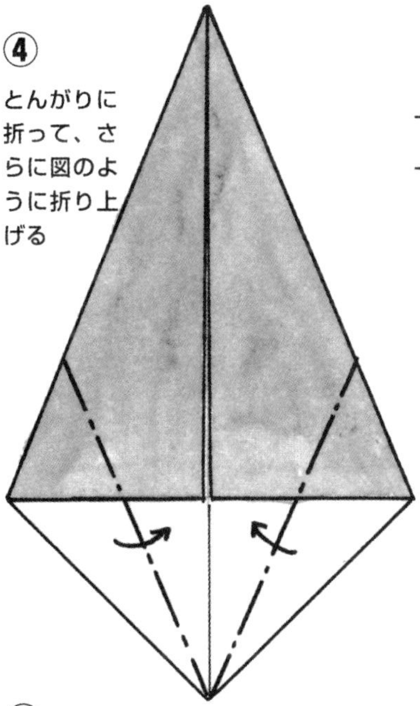

⑤

下部を折り上げる

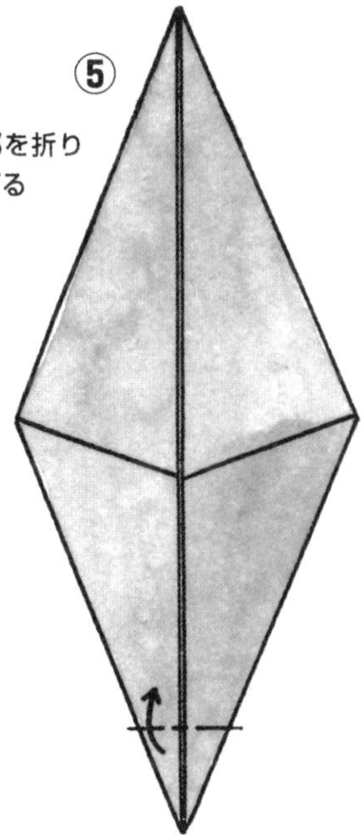

⑥

たてに折り合わせる

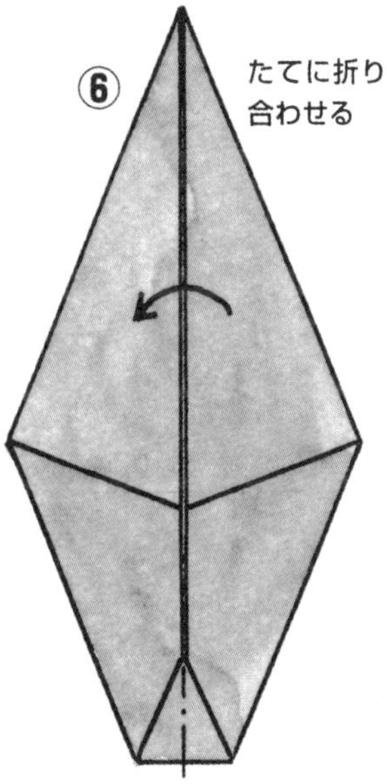

⑦

葉の完成

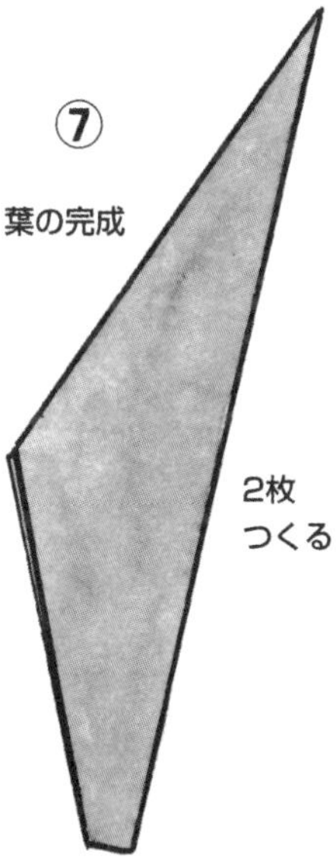

2枚つくる

⑧

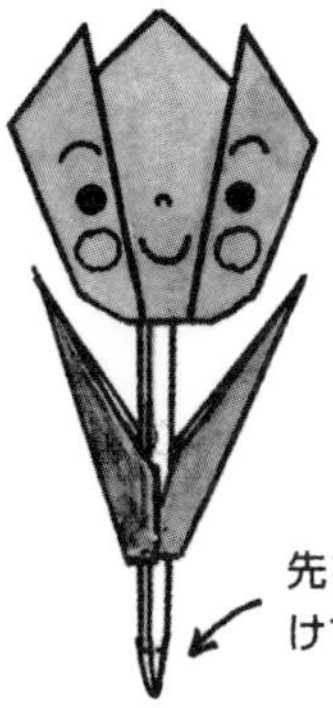

チューリップ

割りばしに、両面テープや接着剤などで留めてチューリップの完成

先を鉛筆けずりなどでけずる

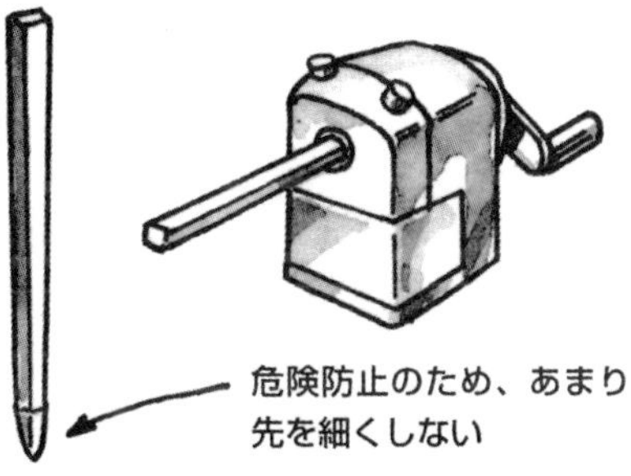

危険防止のため、あまり先を細くしない

①

折り紙を二つ折りにして、図のように切る

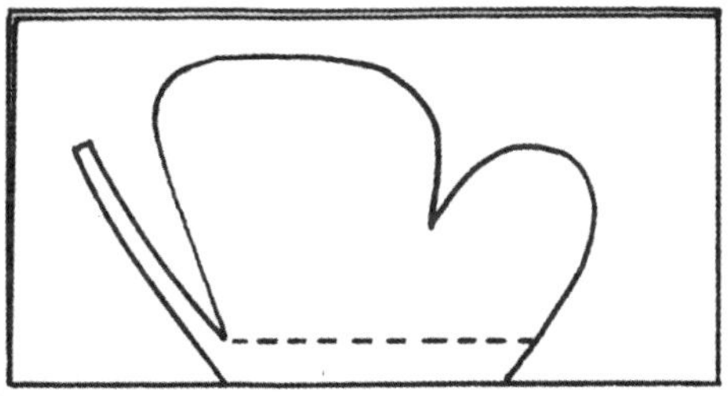

②

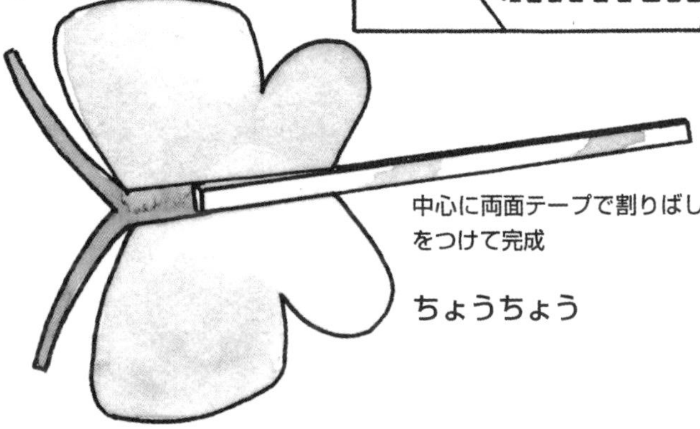

中心に両面テープで割りばしをつけて完成

ちょうちょう

おりがみ ●いぬのおまわりさん(P.36~)の作り方

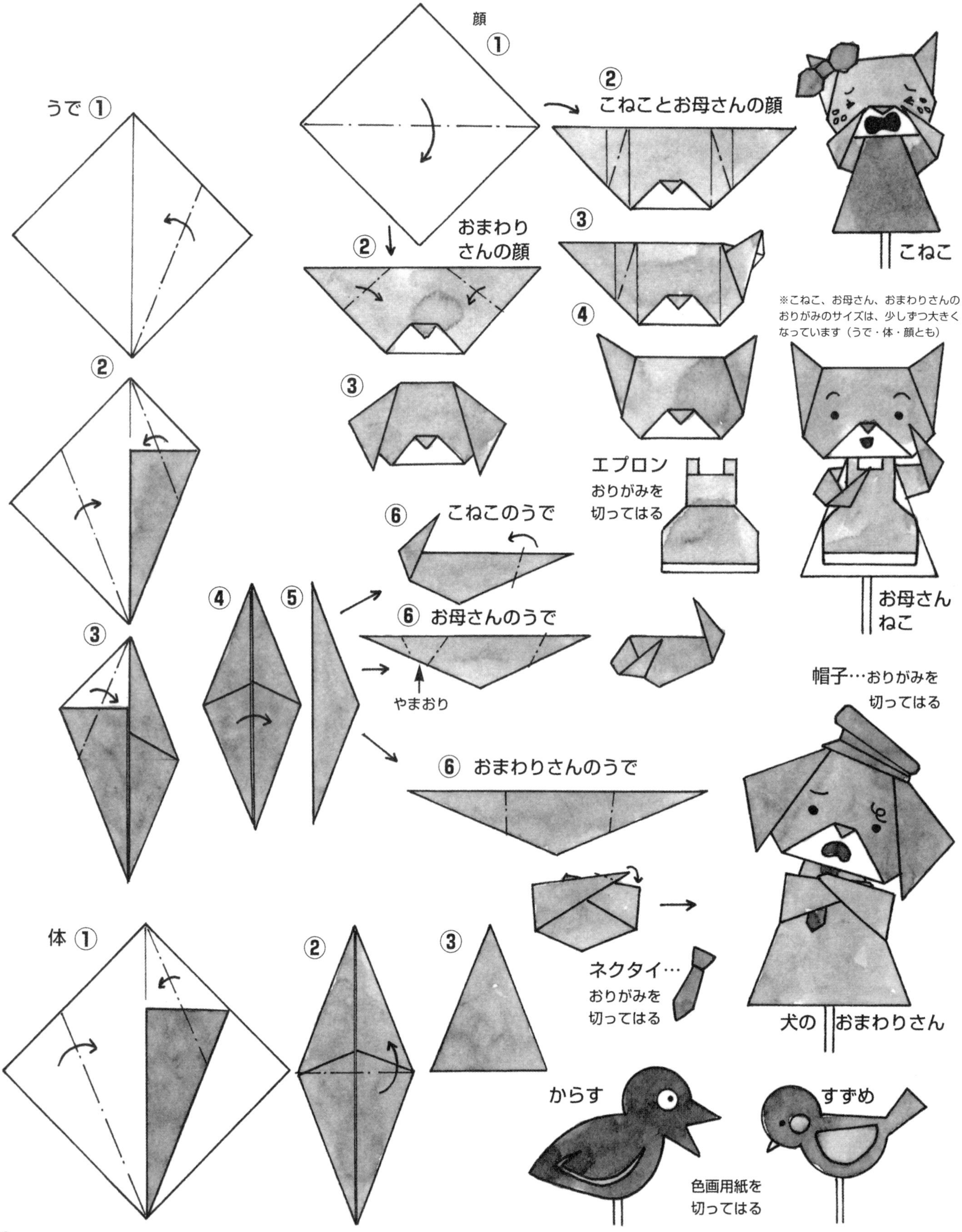
顔
①
②
こねことお母さんの顔
②
おまわりさんの顔
③
④
こねこ
※こねこ、お母さん、おまわりさんのおりがみのサイズは、少しずつ大きくなっています（うで・体・顔とも）
うで ①
②
③
④
⑤
⑥ こねこのうで
⑥ お母さんのうで
やまおり
⑥ おまわりさんのうで
エプロン
おりがみを切ってはる
お母さんねこ
帽子…おりがみを切ってはる
ネクタイ…
おりがみを切ってはる
犬のおまわりさん
体 ①
②
③
からす
すずめ
色画用紙を切ってはる

おりがみ ●げんこつやまのたぬきさん(P.38~)の作り方

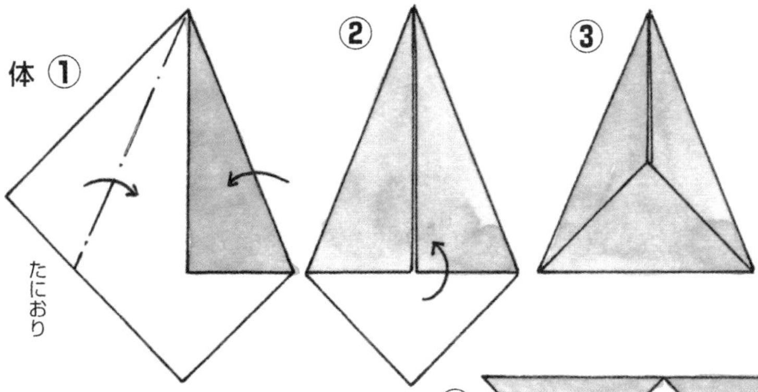
体 ①
たにおり
②
③

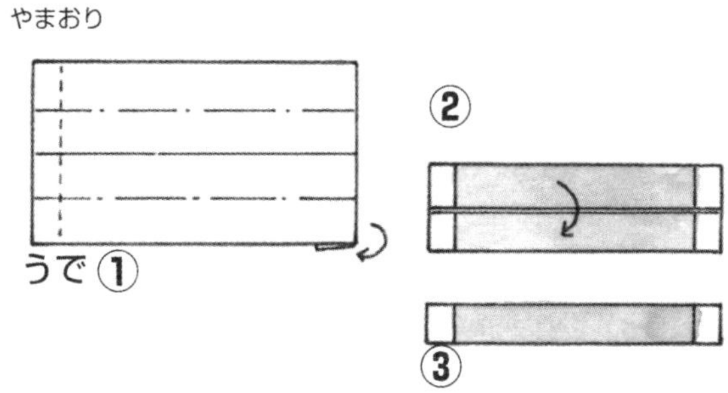
やまおり
うで ①
②
③

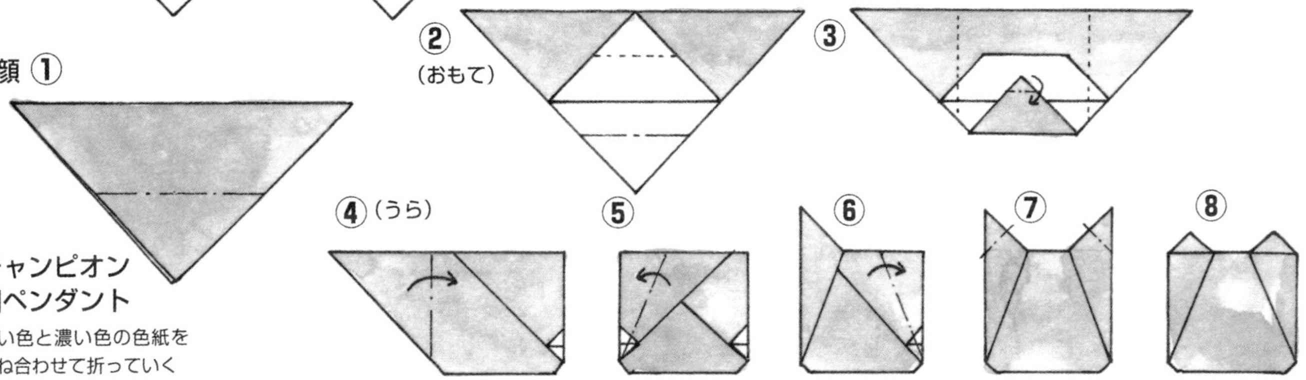
顔 ①
②
（おもて）
③
④（うら）
⑤
⑥
⑦
⑧

（おもて）
たぬき

チャンピオン用ペンダント

淡い色と濃い色の色紙を重ね合わせて折っていく

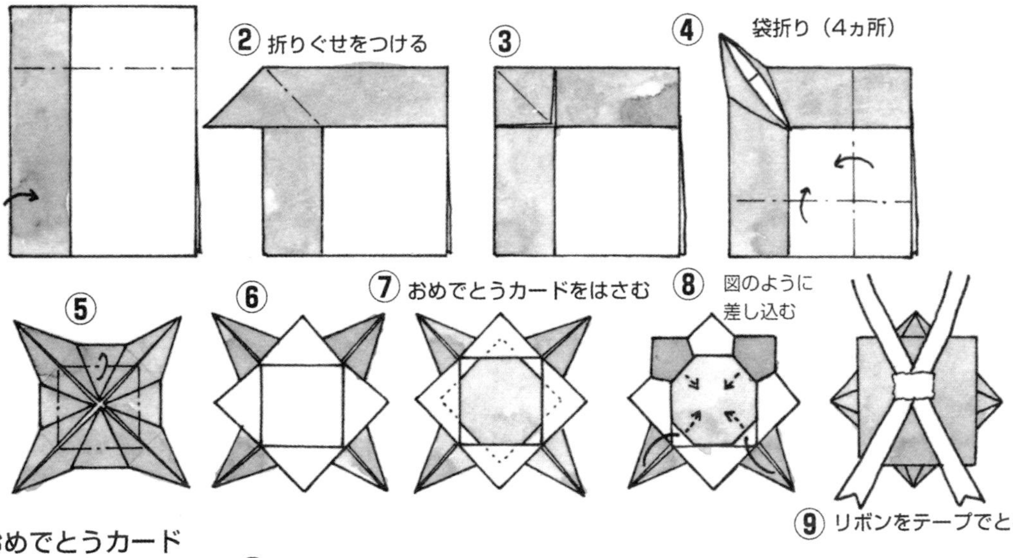
② 折りぐせをつける
③
④
袋折り（4ヵ所）
⑤
⑥
⑦ おめでとうカードをはさむ
⑧ 図のように差し込む
⑨ リボンをテープでとめる（うら）

おめでとうカード

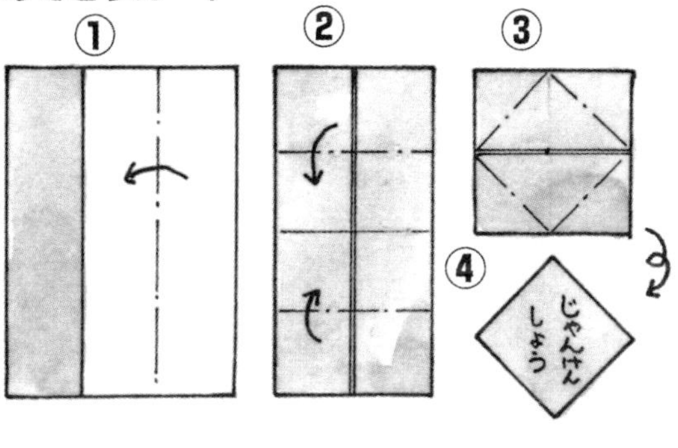
①
②
③
④
じゃんけんしょう

ジャンケンカード

色画用紙を切ってはる

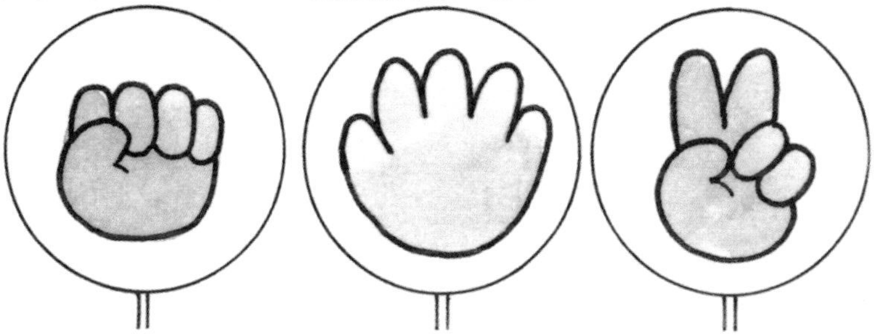

おりがみ ●こぶたぬきつねこ(P.40~)の作り方

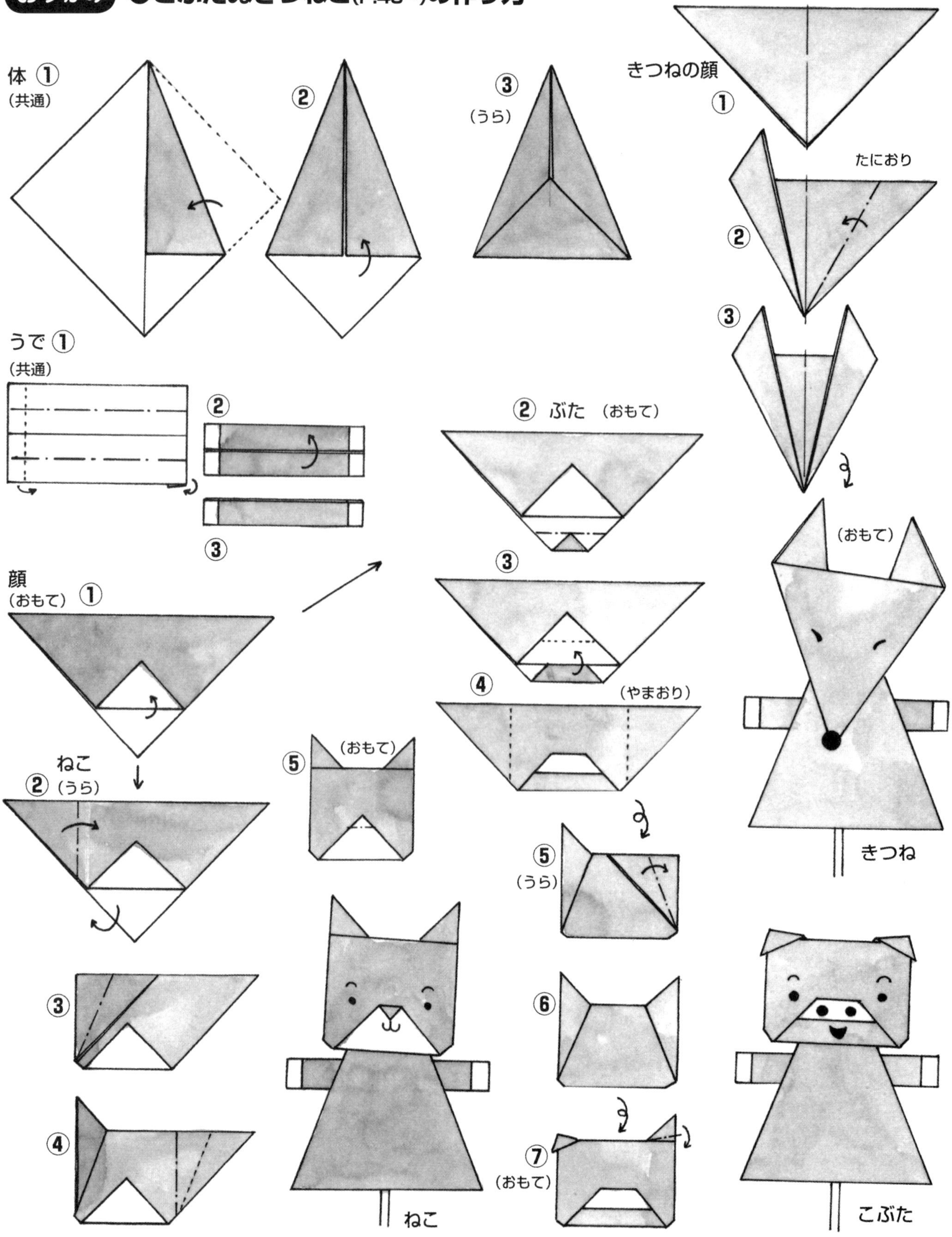

体 ①
(共通)
②
③
(うら)
きつねの顔
①
②
たにおり
③
(おもて)
きつね
うで ①
(共通)
②
③
顔
(おもて) ①
ねこ
② (うら)
③
④
⑤
(おもて)
ねこ
② ぶた (おもて)
③
④
(やまおり)
⑤
(うら)
⑥
⑦
(おもて)
こぶた

おりがみ ●にんじん・だいこん・ごぼう(P.42~)の作り方

葉 ①
(共通)

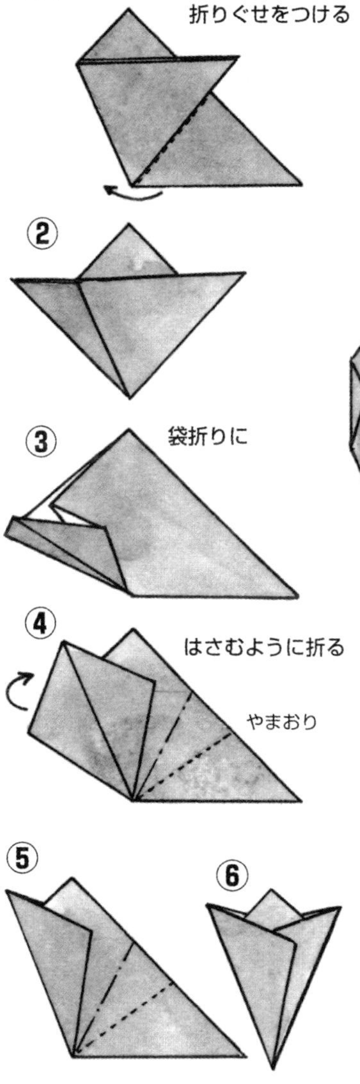
折りぐせをつける
②
③
袋折りに
④
はさむようにに折る
やまおり
⑤
⑥

にんじん

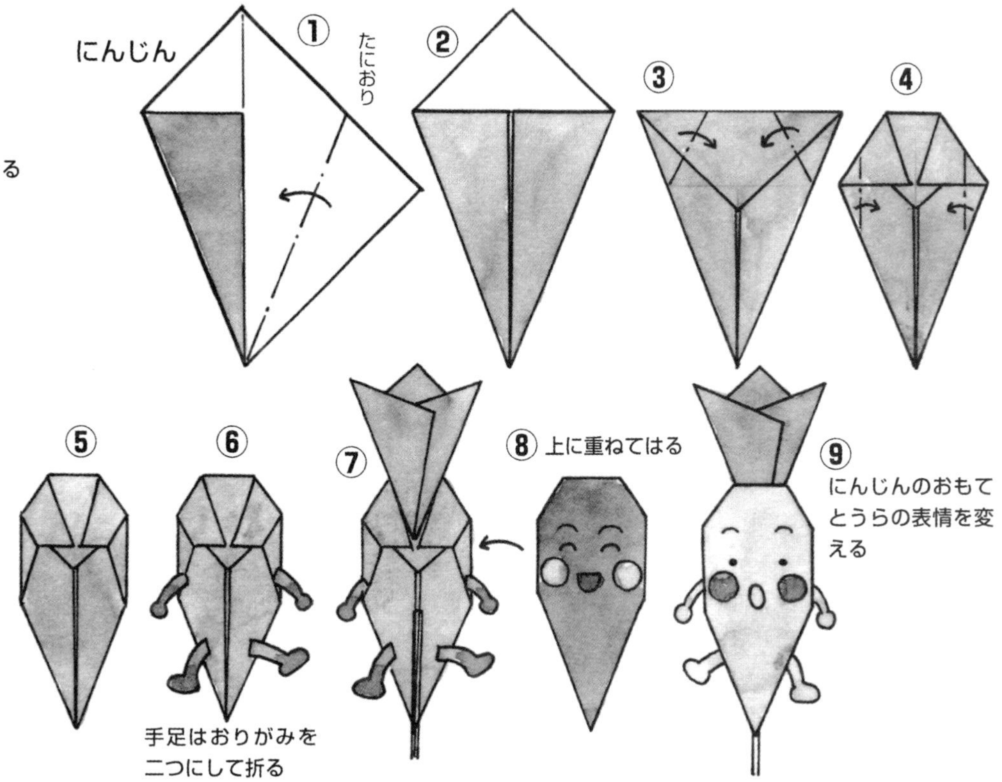
①
たにおり
②
③
④
⑤
⑥
手足はおりがみを
二つにして折る
⑦
⑧ 上に重ねてはる
⑨
にんじんのおもて
とうらの表情を変
える

だいこん

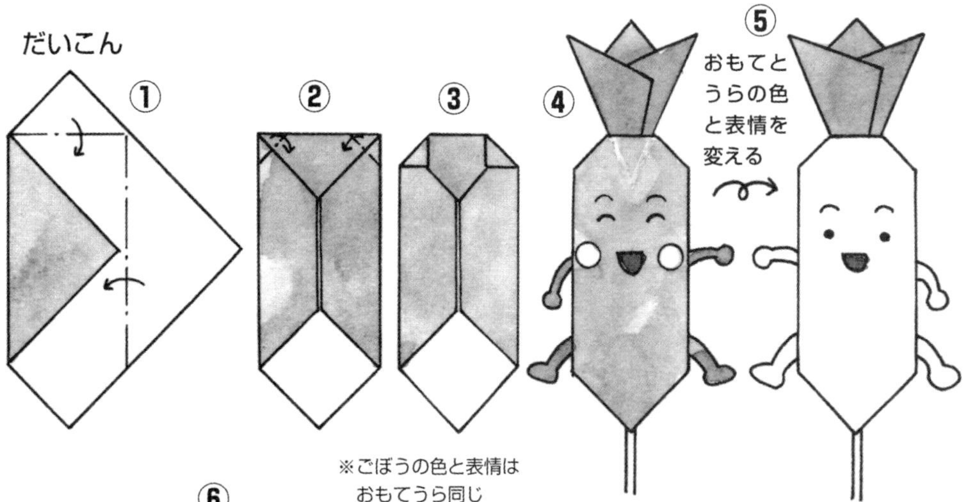
①
②
③
④
⑤
おもてと
うらの色
と表情を
変える

ごぼう

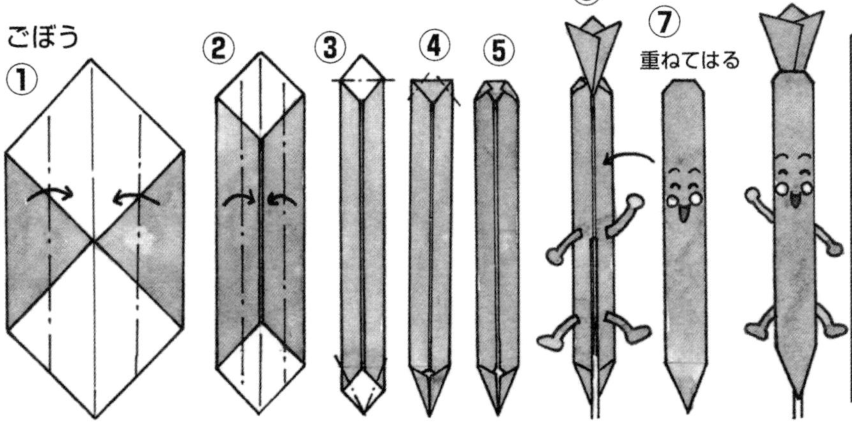
①
②
③
④
⑤
⑥
⑦
重ねてはる
※ごぼうの色と表情は
おもてうら同じ

色画用紙を切ってつくる

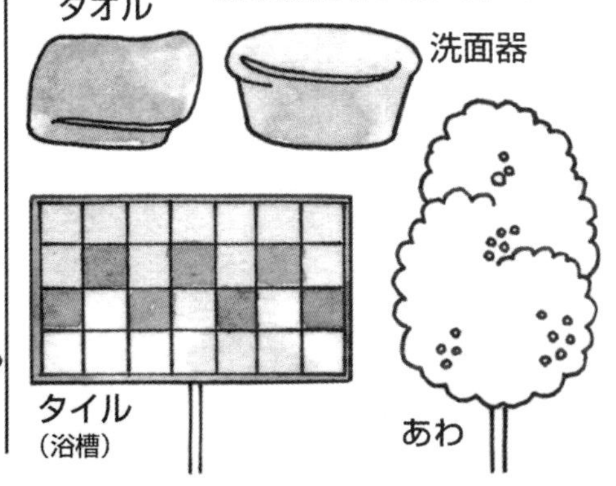
タオル
洗面器
タイル
(浴槽)
あわ

●鼻1（ブタ）

表　裏

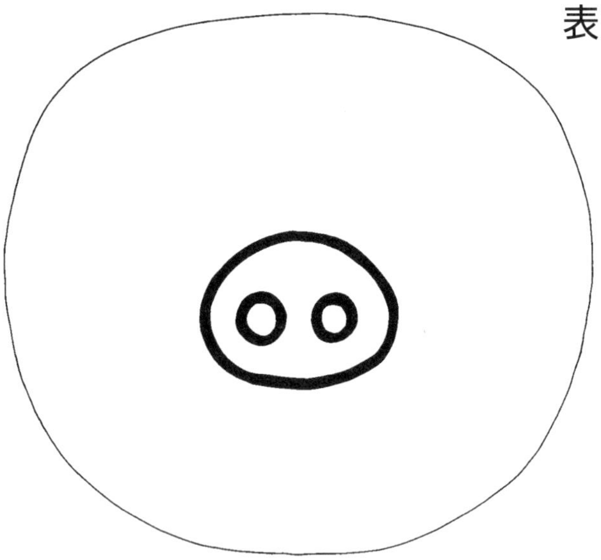

はり合わせる

●鼻2（コアラ）

表　裏

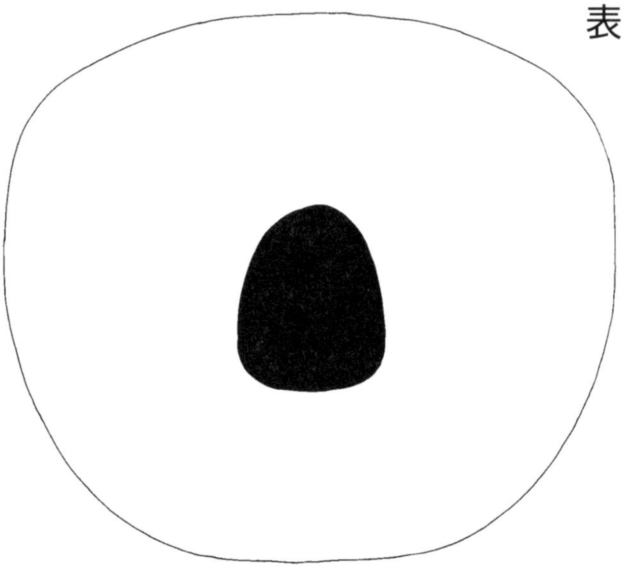

はり合わせる

←初めに等倍（10%）でコピーし、この線で切り離すと、拡大コピーするとき便利です（約18%）。用紙は薄手の画用紙が最適です。作り方は11ページです。

→初めに等倍(100%)でコピーし、この線で切り離すと、拡大コピーするとき便利です(約180%)。用紙は薄手の画用紙が最適です。作り方は110ページです。

●耳1(ウサギ)

表　裏

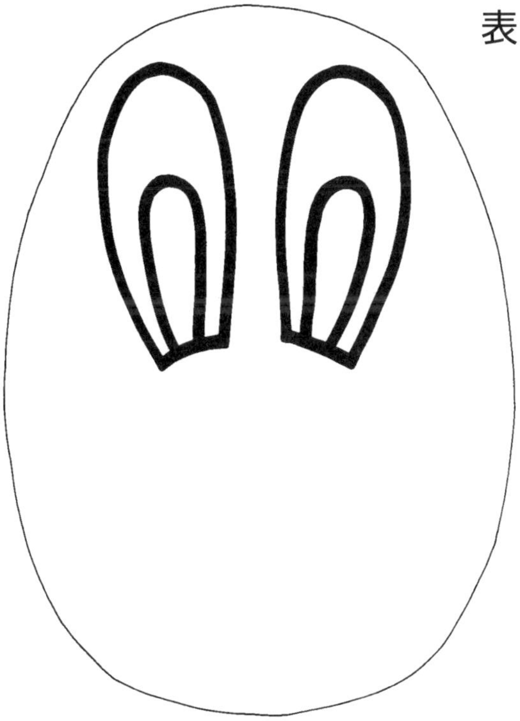

はり合わせる

●耳2(ネズミ)

表　裏

はり合わせる

●目1(ネコ)

表　裏

はり合わせる

●目2(パンダ)

表　裏

はり合わせる

←初めに等倍(100%)でコピーし、この線で切り離すと、拡大コピーするとき便利です(約180%)。用紙は薄手の画用紙が最適です。作り方は110ページです。

→初めに等倍（100％）でコピーし、この線で切り離すと、拡大コピーするとき便利です（約180％）。用紙は薄手の画用紙が最適です。作り方は110ページです。

●足1（アヒル）

表　裏

はり合わせる

●足2（タコ）

表　裏

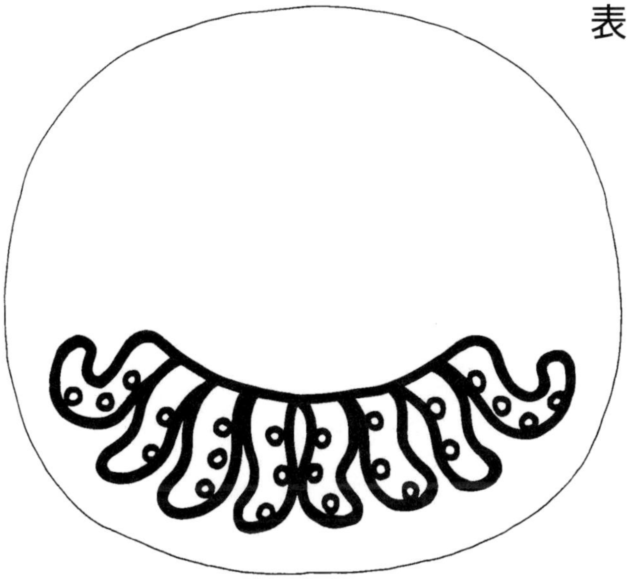

はり合わせる

←初めに等倍(100%)でコピーし、この線で切り離すと、拡大コピーするとき便利です(約125%)。用紙は薄手の画用紙が最適です。作り方は110ページです。

●カレーライス

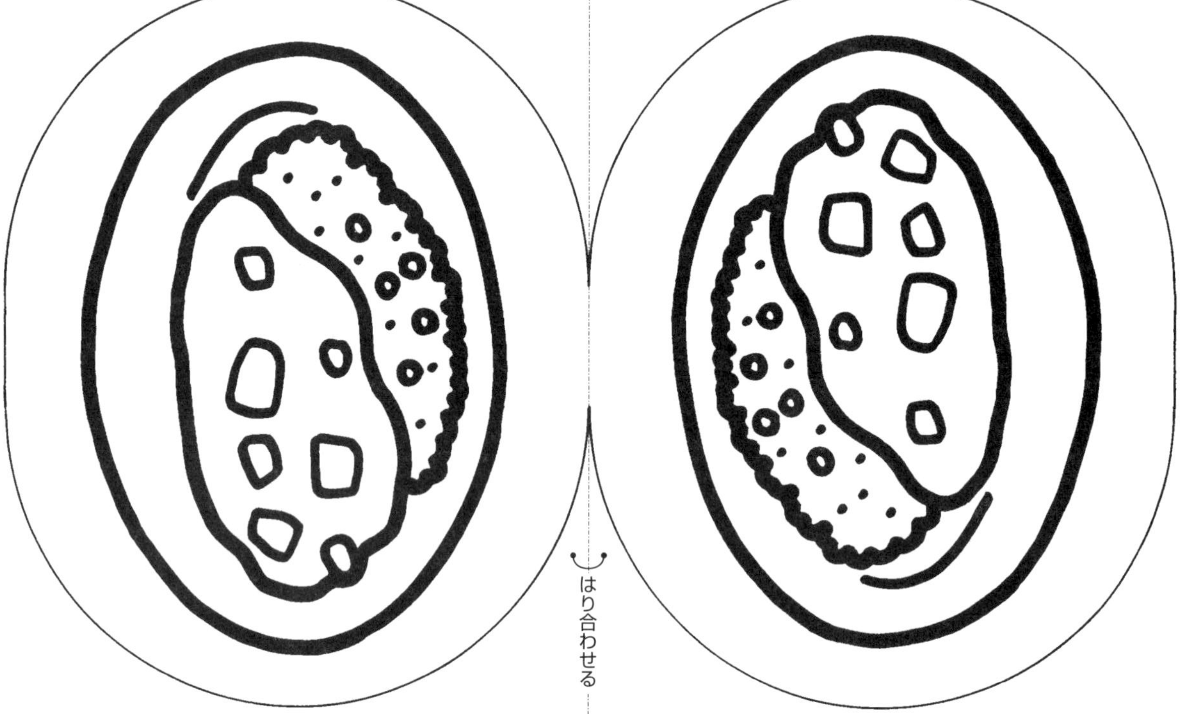

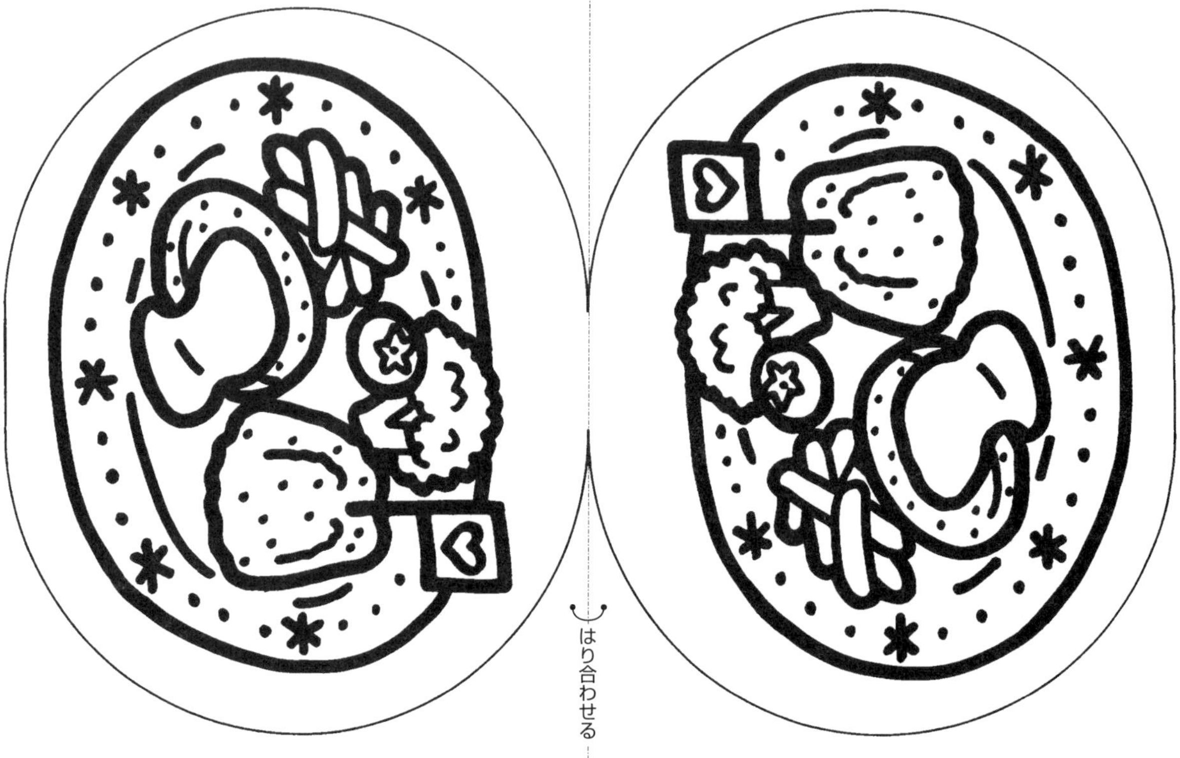

●お子様ランチ

●ラーメン

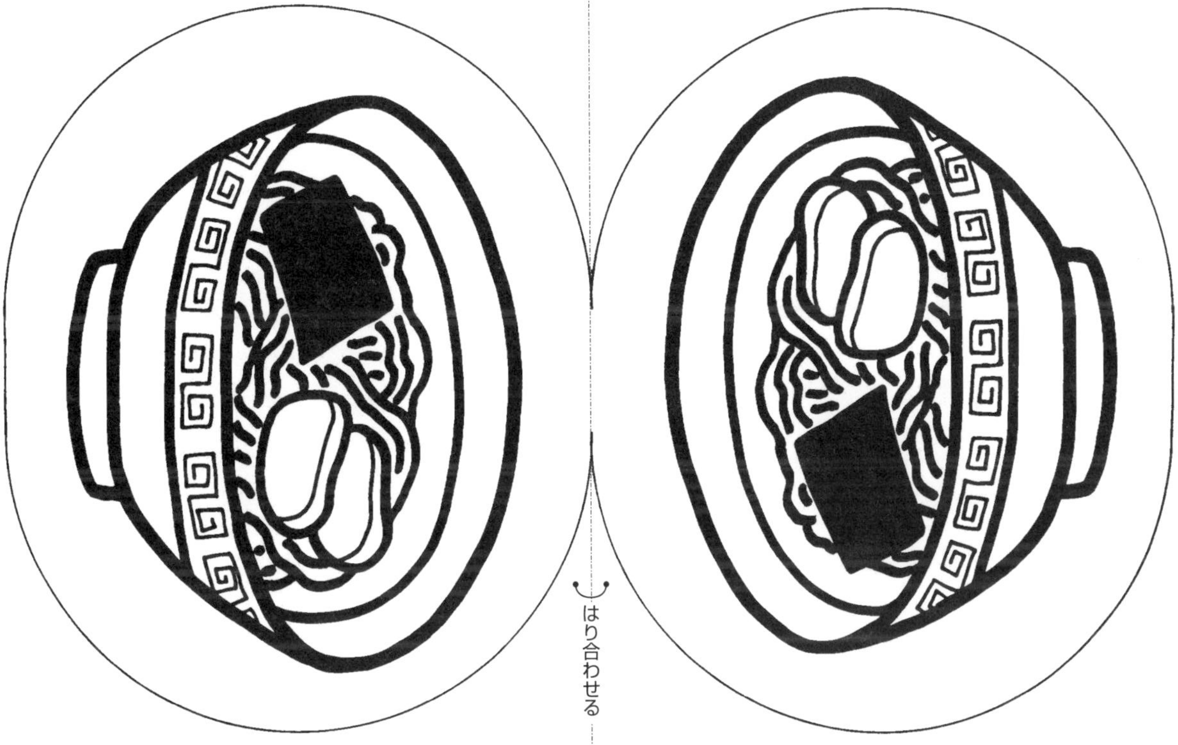
はり合わせる

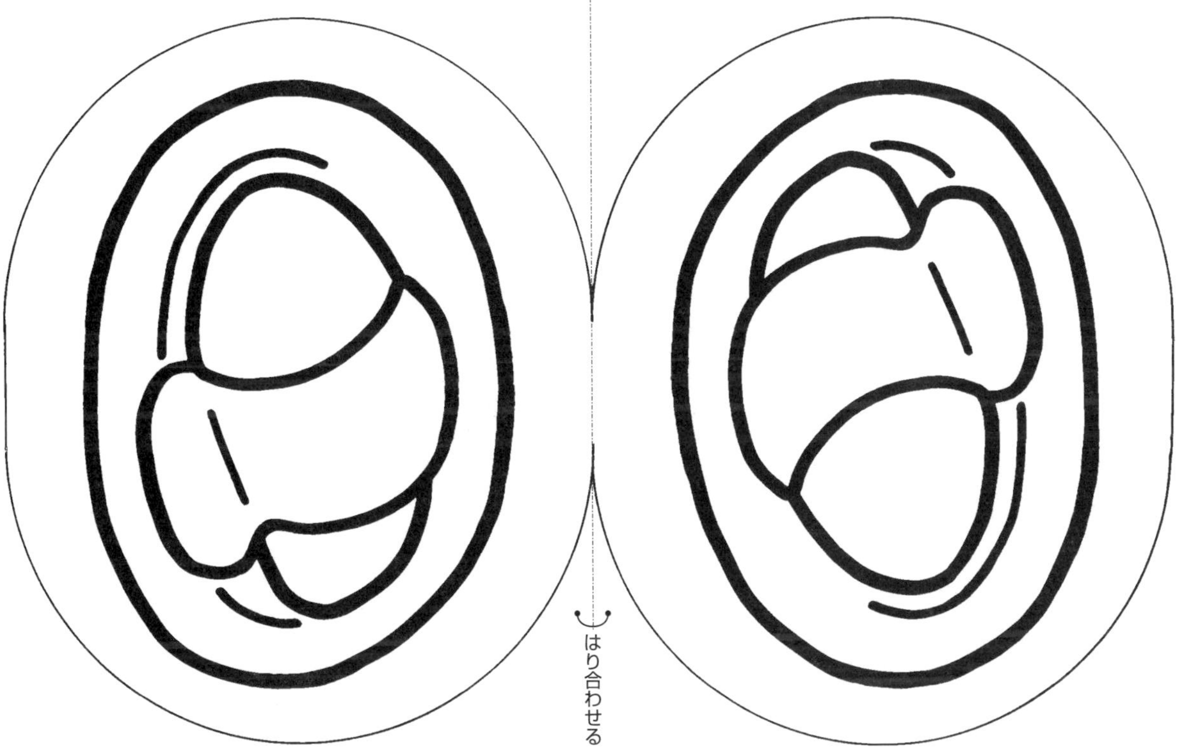
はり合わせる

●オムレツ

➡初めに等倍(100%)でコピーし、この線で切り離すと、拡大コピーするとき便利です(約125%)。用紙は薄手の画用紙が最適です。作り方は110ページです。

←初めに等倍(100%)でコピーし、この線で切り離すと、拡大コピーするとき便利です(約125%)。用紙は薄手の画用紙が最適です。作り方は110ページです。

●おむすび

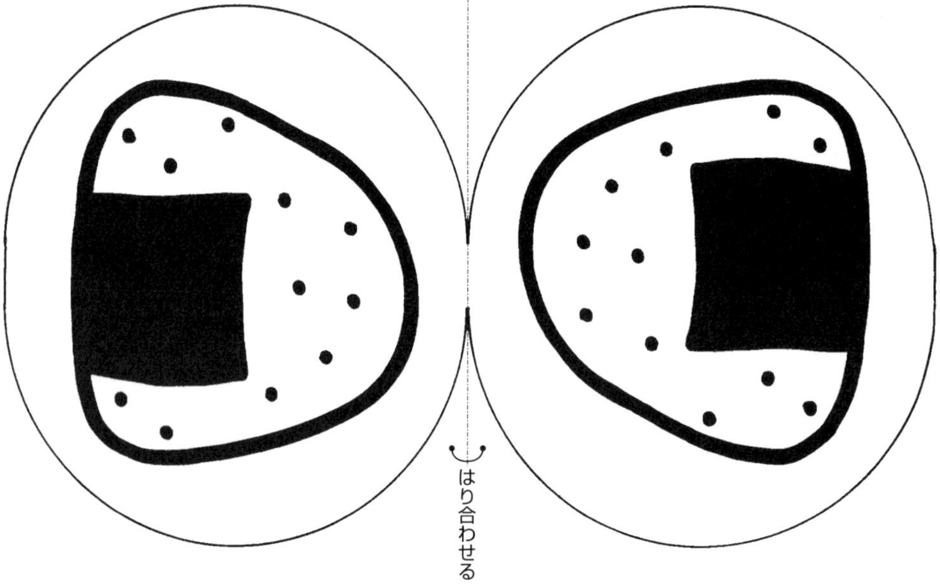
はり合わせる

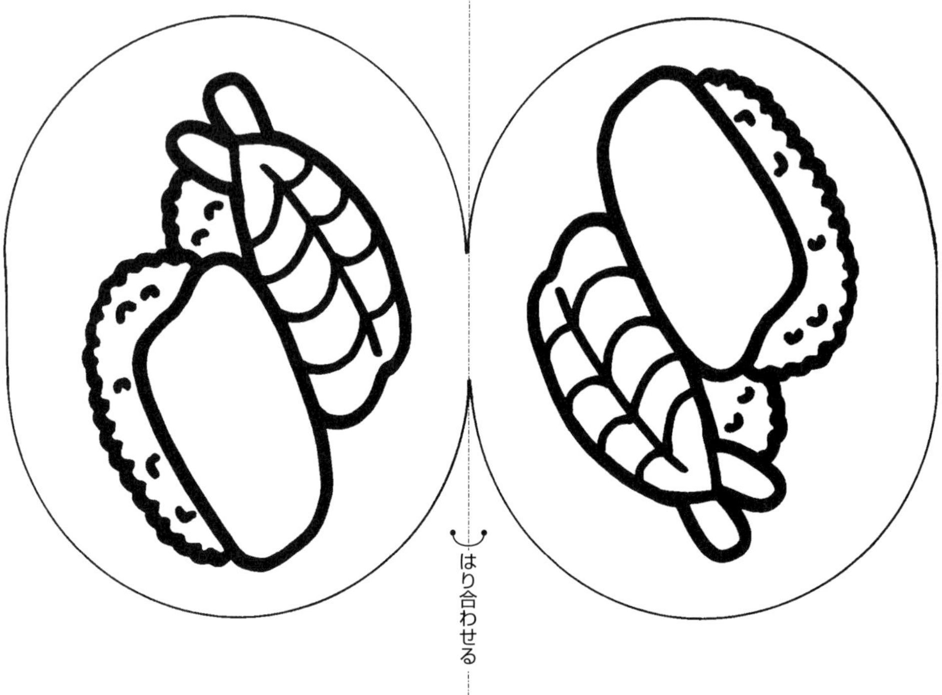
はり合わせる

●おすし

↑初めに等倍(100%)でコピーし、この線で切り離すと、拡大コピーするとき便利です(約125%)。用紙は薄手の画用紙が最適です。作り方は110ページです。

●焼きそば

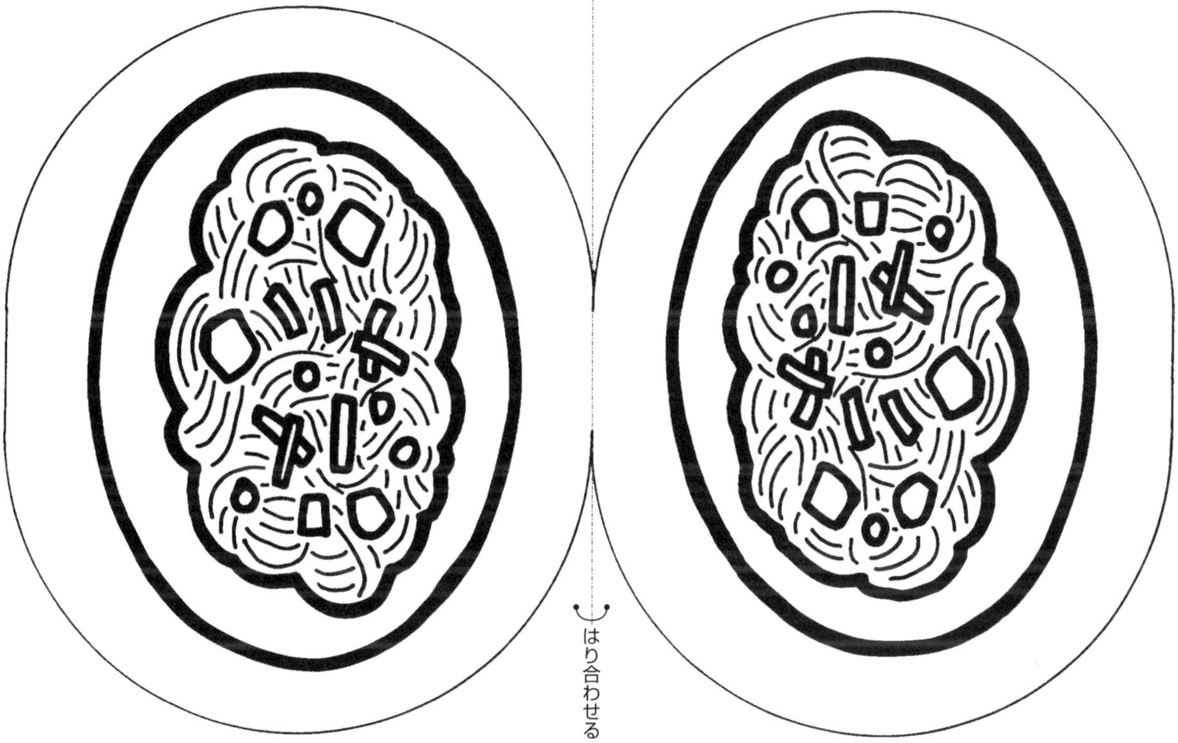

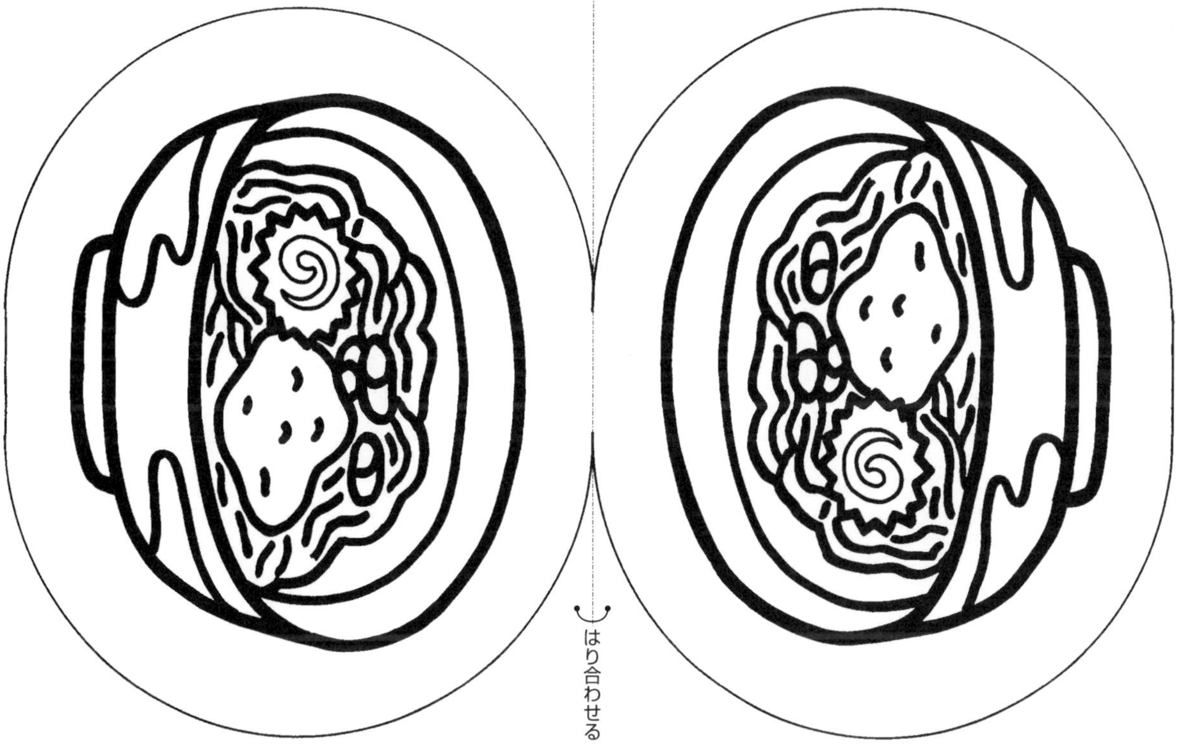

●うどん

●バナナ

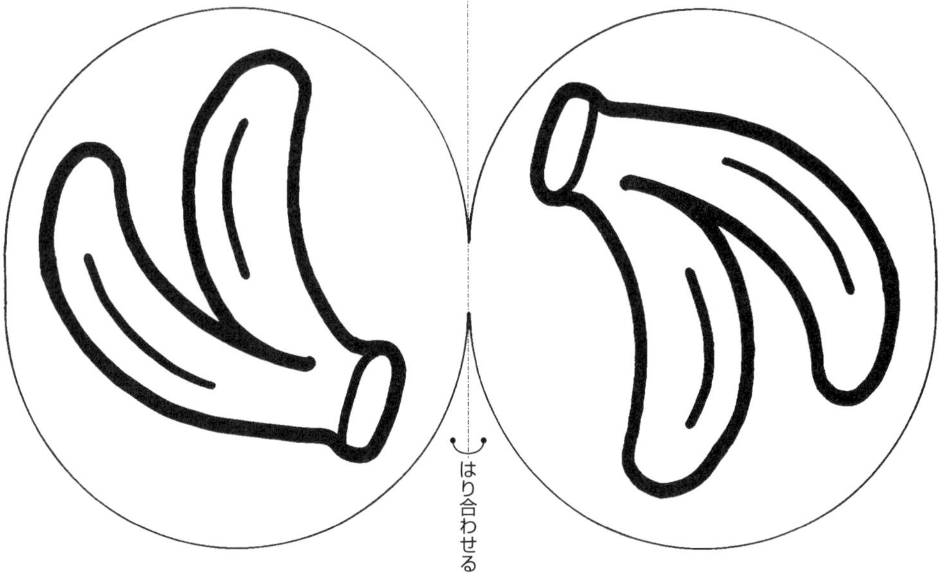

●メロン

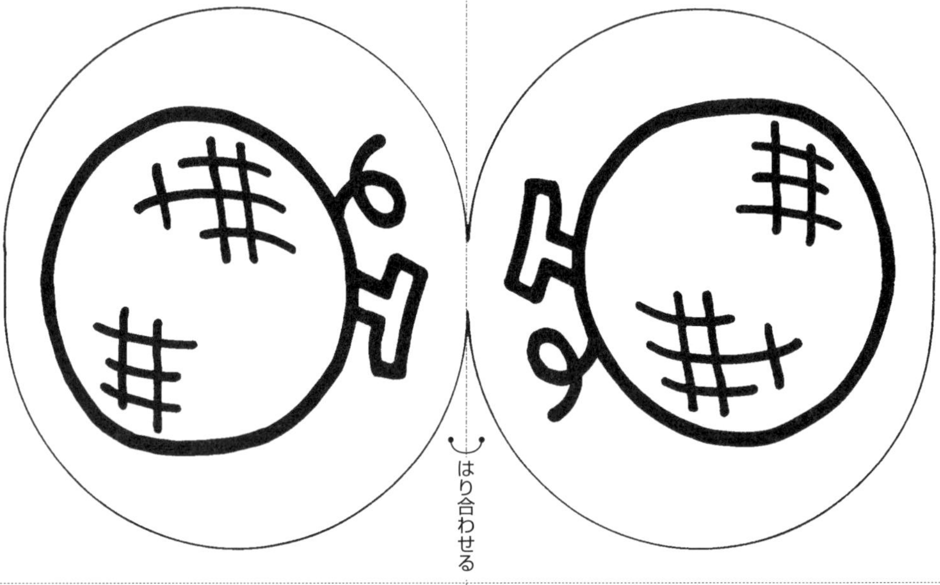

●イチゴ

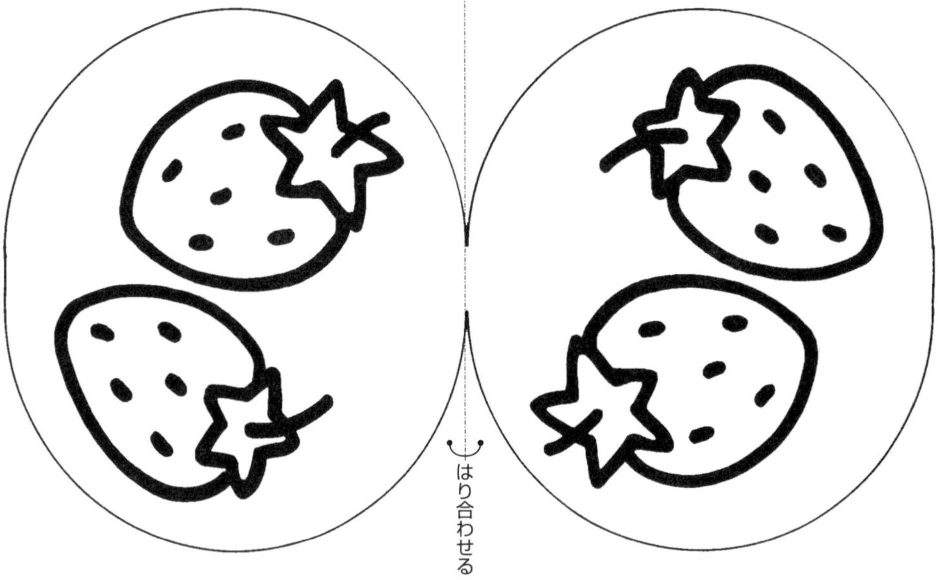

←初めに等倍(100%)でコピーし、この線で切り離すと、拡大コピーするとき便利です(約125%)。用紙は薄手の画用紙が最適です。作り方は110ページです。

★切りこ等倍（100%）でコピーし、この線で切り離すと、拡大コピーするとき便利です（約25%）。用紙は薄手の画用紙が最適です。作り方は10ページです。

●ドーナッツ

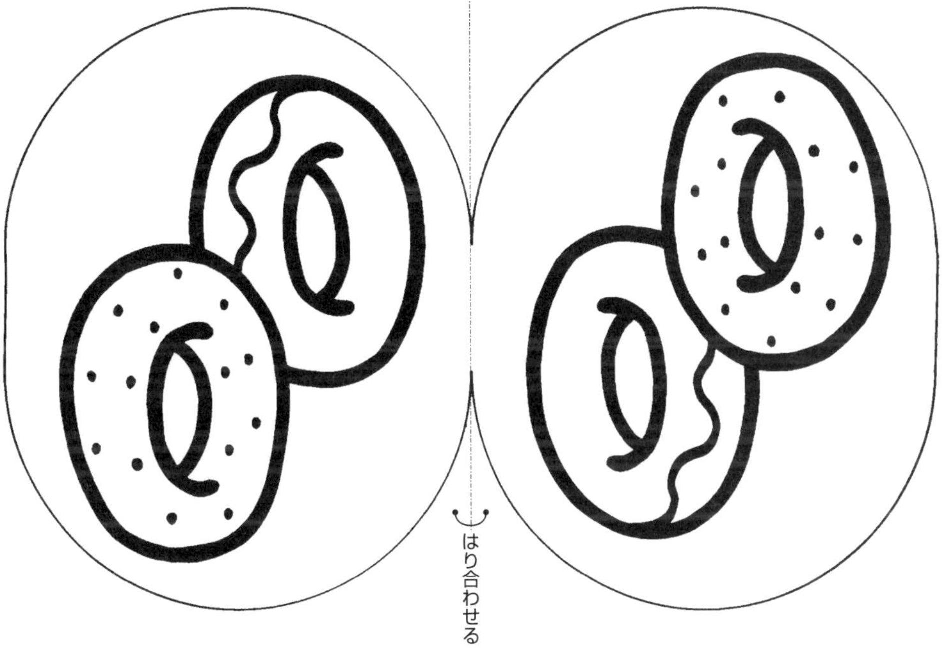
はり合わせる

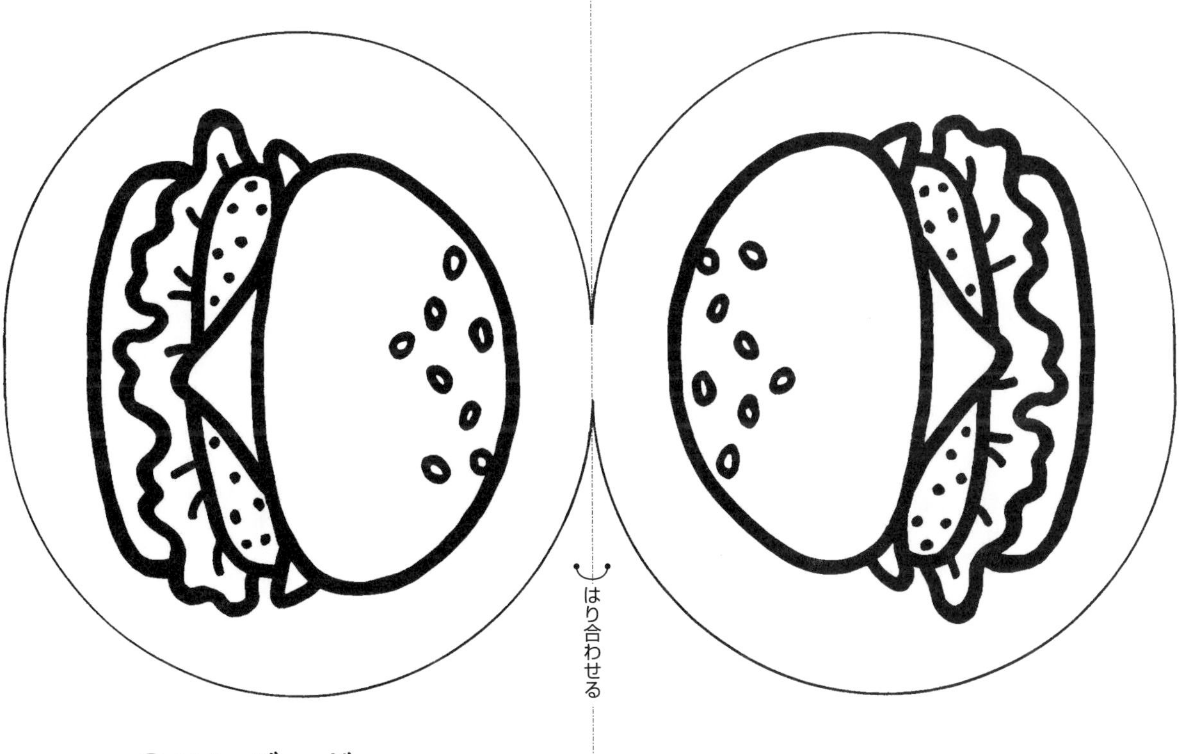
はり合わせる

●ハンバーガー

●アイスクリーム

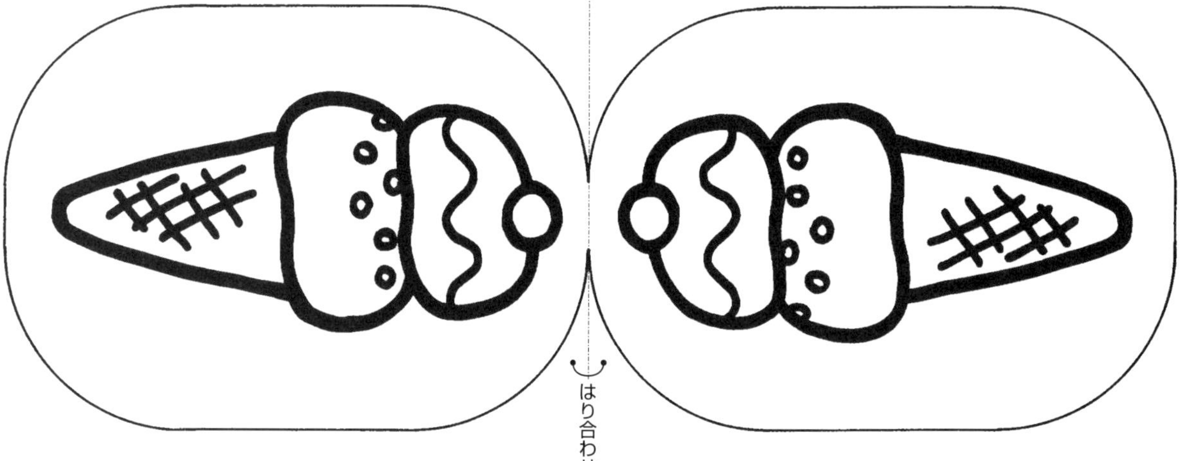

●ジュース

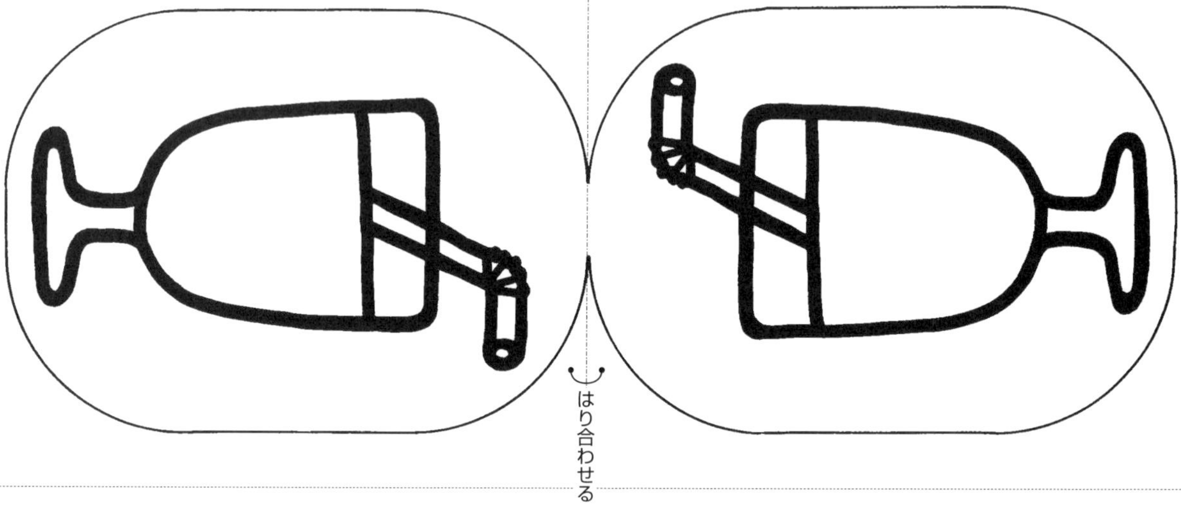

●ケーキ

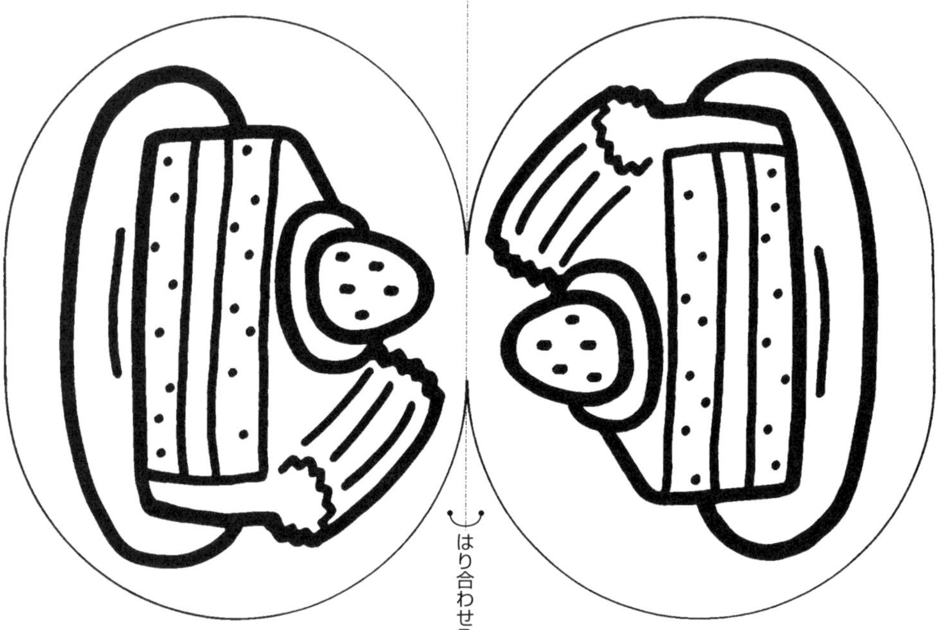

＊初めに等倍(100%)でコピーし、この線で切り離すと、拡大コピーするときに便利です(約12[illegible]%)。用紙は薄手の画用紙が最適です。作り方は11ページです。

●カニ

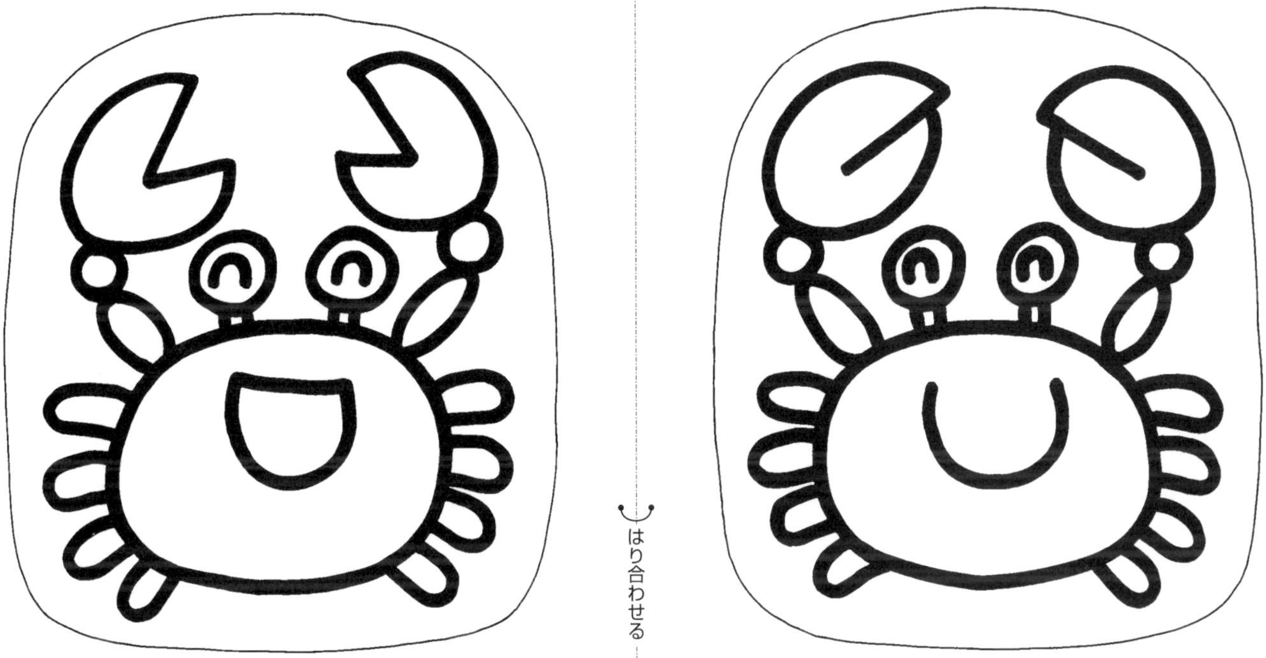

●折り紙赤（リンゴ）

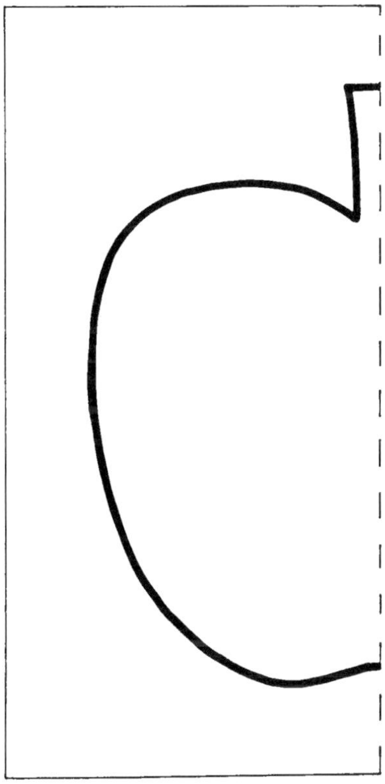

●折り紙青（飛行機）

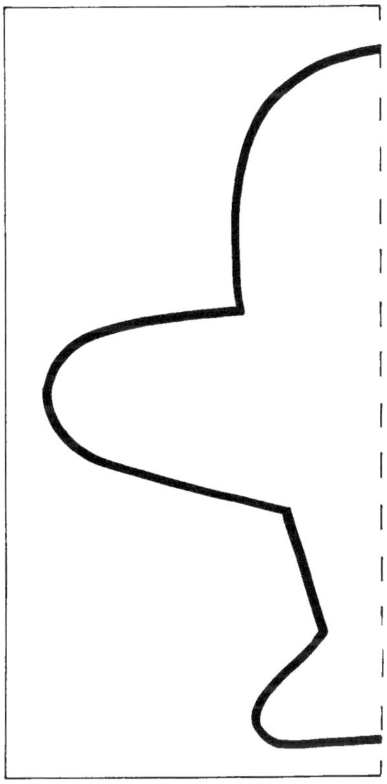

●折り紙ピンク（ウサギ）

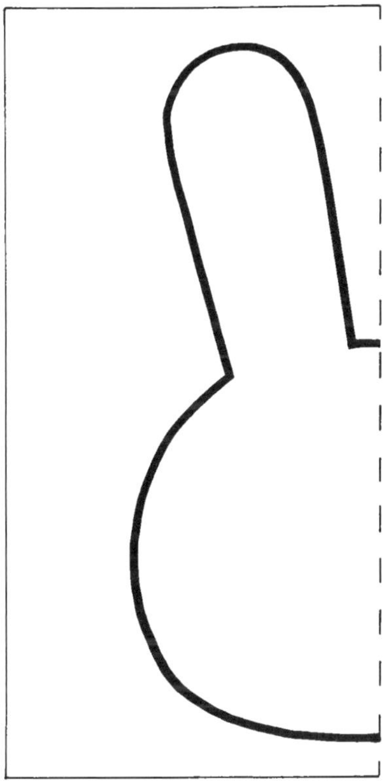

15cm角の折り紙を半分に折り、型紙を重ねてハサミで切ります。

（用紙は薄手の画用紙が最適です。作り方は10ページです。…折り紙は除く。）

P.54～チョキチョキ　かにさん　折り紙水色(ネクタイ)　折り紙黄色(チョウチョウ)　折り紙茶色(トリ)　折り紙黒(ガイコツ)　折り紙黄緑(葉っぱ)　折り紙(風船)

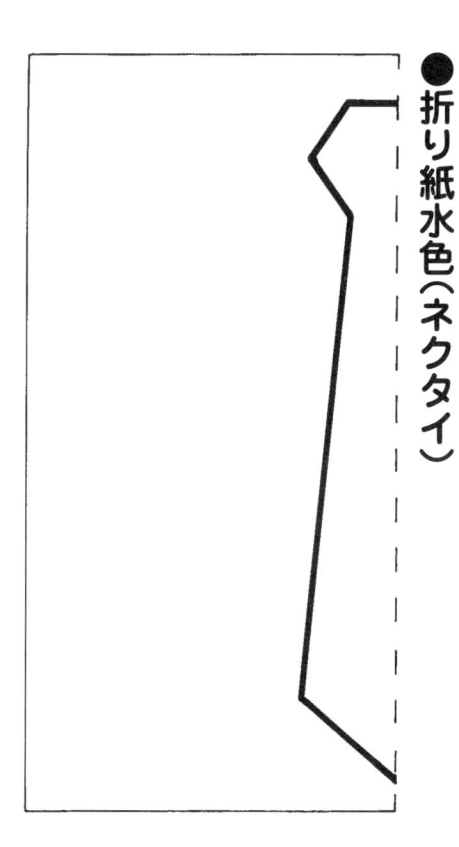

●折り紙水色(ネクタイ)

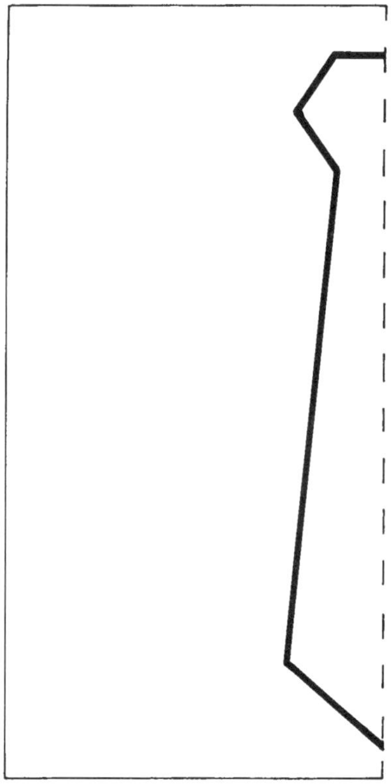

●折り紙黄色(チョウチョウ)

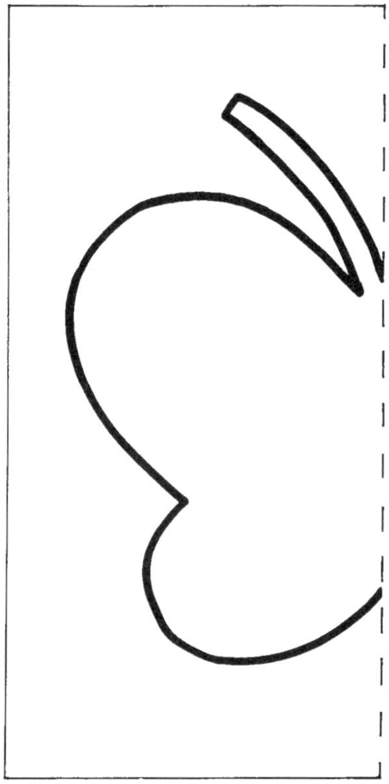

●折り紙茶色(トリ)

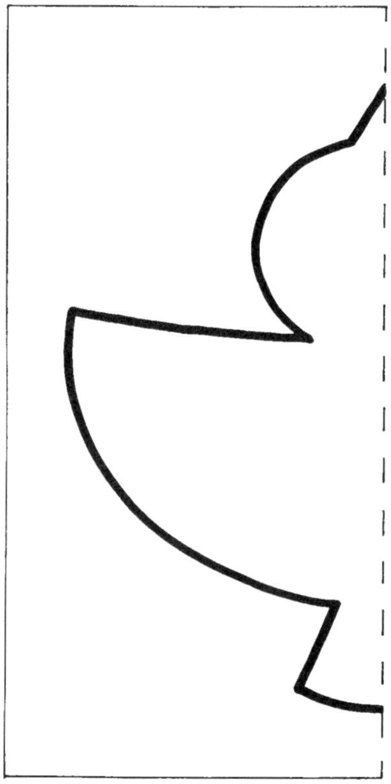

●折り紙黒(ガイコツ)

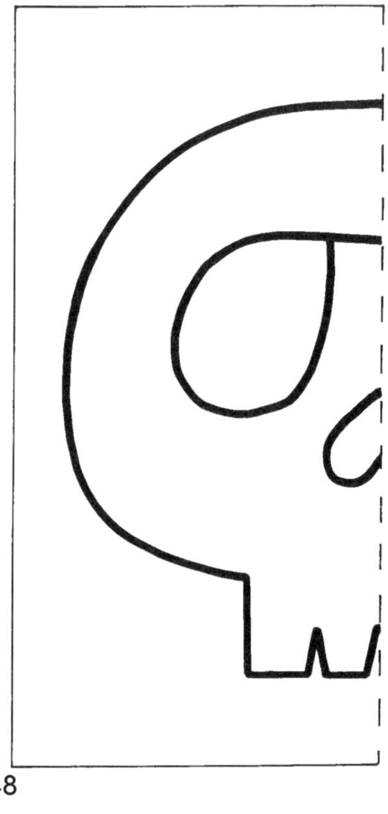

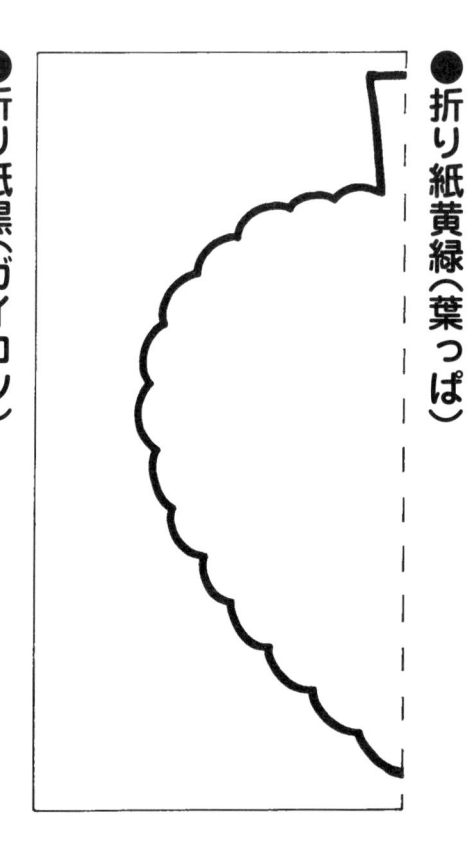

●折り紙黄緑(葉っぱ)

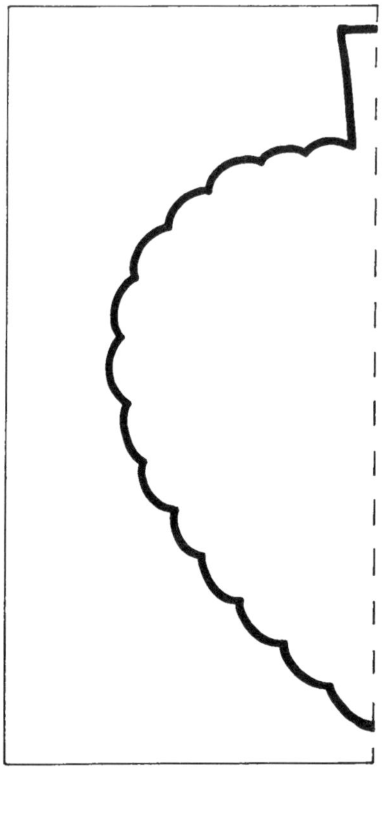

●折り紙(風船)(この型紙のみ100%で使用)

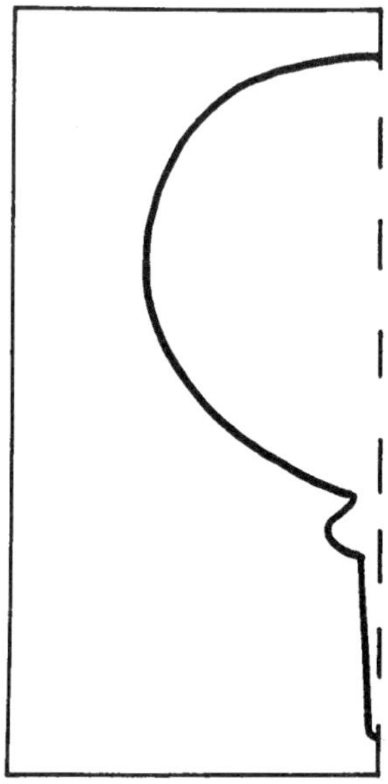

15cm角の折り紙を半分に折り、
型紙を重ねてハサミで切ります。

＊初めに等倍(100%)でコピーし、この線で切り離すと、拡大コピーするとき便利です(約15%)

★初めに等倍（100％）でコピーし、この線で切り離すと、拡大コピーするとき便利です（約150％）。用紙は薄手の画用紙が最適です。作り方は10ページです。

●折り紙いろいろ（風船）

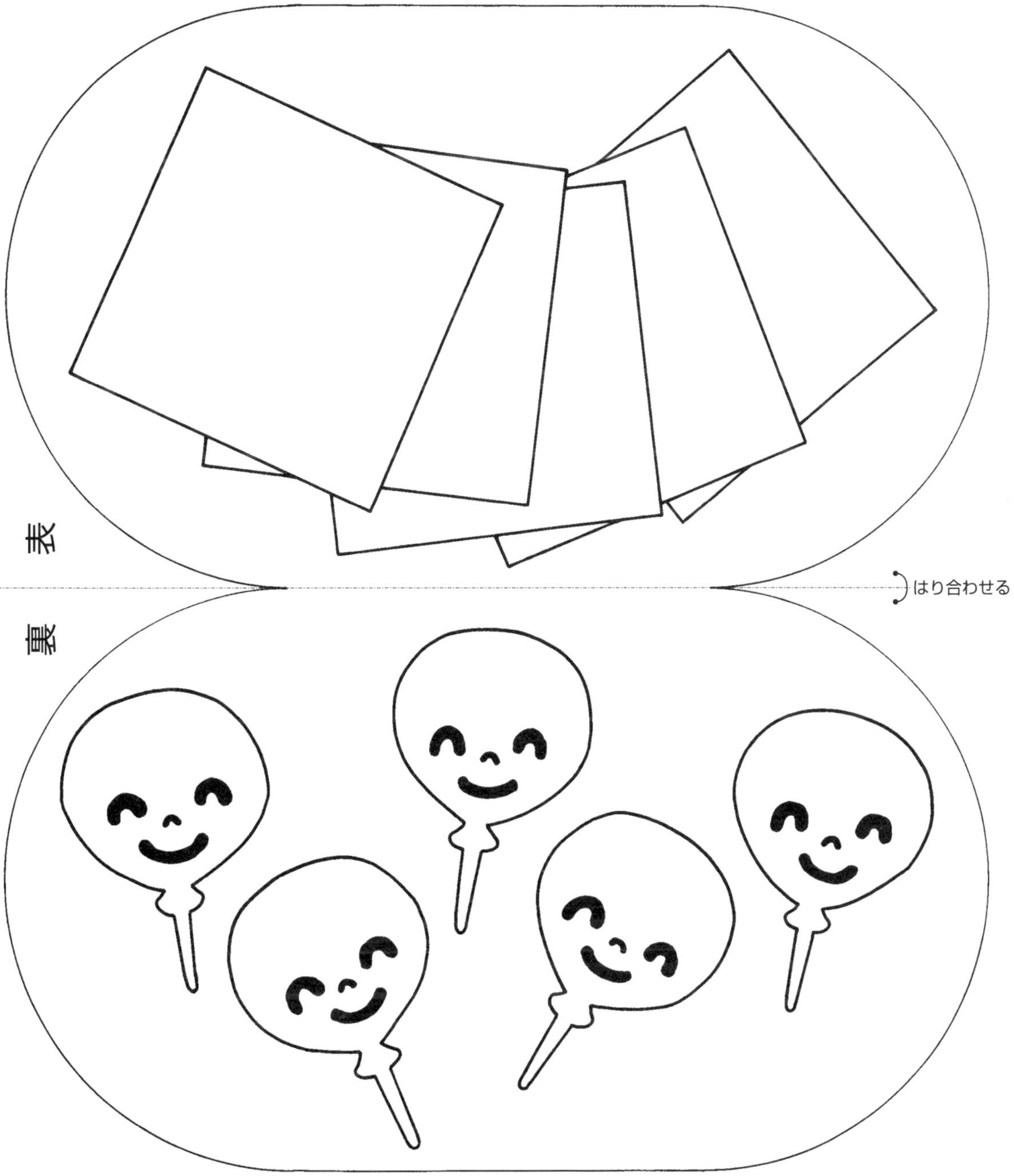

●赤ずきん1

表 裏

はり合わせる

●赤ずきん2

表 裏

はり合わせる

◀初めに等倍（100%）でコピーし、この線で切り離すと、拡大コピーするとき便利です（約18%）。用紙に薄手の画用紙が最適です。作り方は11ページです。

→初めに等倍(100%)でコピーし、この線で切り離すと、拡大コピーするとき便利です(約180%)。用紙は薄手の画用紙が最適です。作り方は110ページです。

●赤ずきん3

表　裏

はり合わせる

●桃太郎1

表　裏

はり合わせる

●桃太郎2

表　裏

はり合わせる

●桃太郎3

表　裏

はり合わせる

←初めに等倍(10%)でコピーし、この線で切り離すと、拡大コピーするとき便利です(約18%)。用紙は薄手の画用紙が最適です。作り方は110ページです。

裏

はり合わせる

表

●三匹の子ぶた1

裏

はり合わせる

表

●三匹の子ぶた2

↑初めに等倍(100%)でコピーし、この線で切り離すと、拡大コピーするとき便利です(約180%)。用紙は薄手の画用紙が最適です。作り方は110ページです。

←初めに等倍(100%)でコピーし、この線で切り離すと、拡大コピーするとき便利です(約180%)。用紙は薄手の画用紙が最適です。作り方は110ページです。

●三匹の子ぶた3

P.58～おもしろ　おはなし　クイズ　三匹の子ぶた3　さるとかに1

●さるとかに1

裏

はり合わせる

表

●さるとかに2

裏

はり合わせる

表

●さるとかに3

←初めに等倍(100％)でコピーし、この線で切り離すと、拡大コピーするとき便利です(約180％)。用紙は薄手の画用紙が最適です。作り方は110ページです。

←初めに等倍(100%)でコピーし、この線で切り離すと、拡大コピーするとき便利です(約141〜150%)。用紙は薄手の画用紙が最適です。作り方は110ページです。

●ポンちゃん
(基本人形)

●コンちゃん
(基本人形)

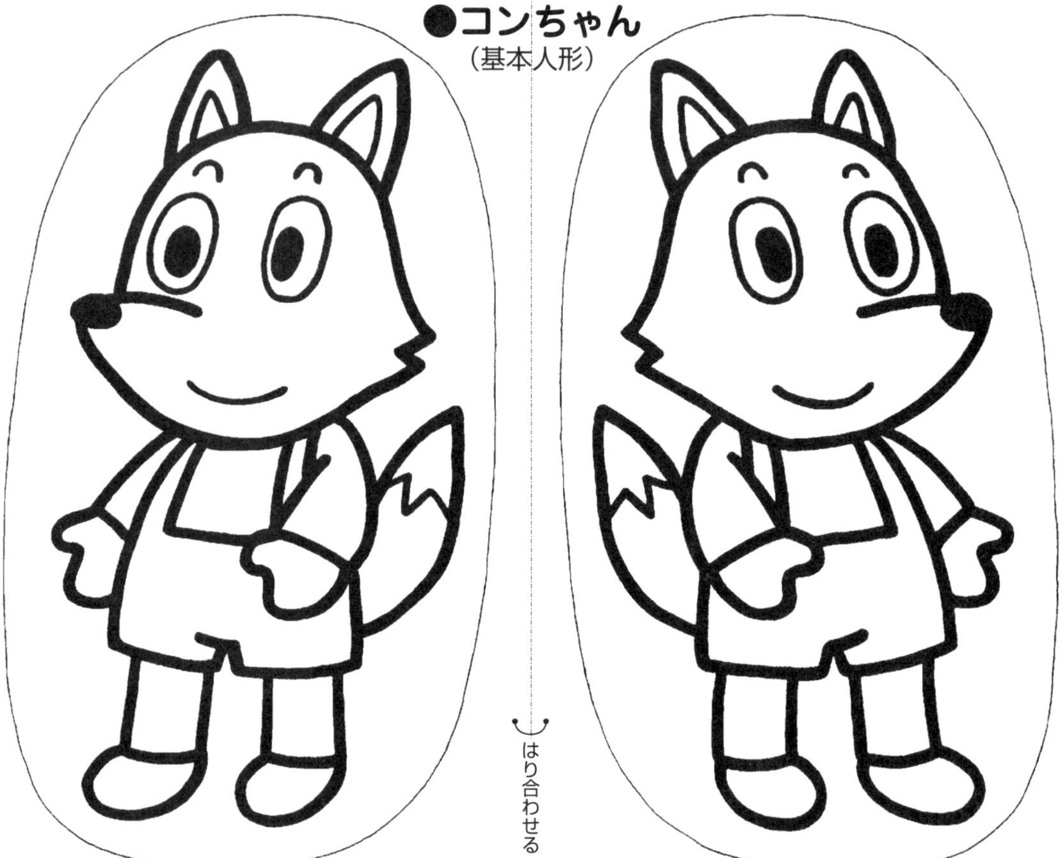

→初めに等倍(100%)でコピーし、この線で切り離すと、拡大コピーするとき便利です(約141〜150%)。用紙は薄手の画用紙が最適です。作り方は110ページです。

●ミミちゃん
(基本人形)

●ブーちゃん
(基本人形)

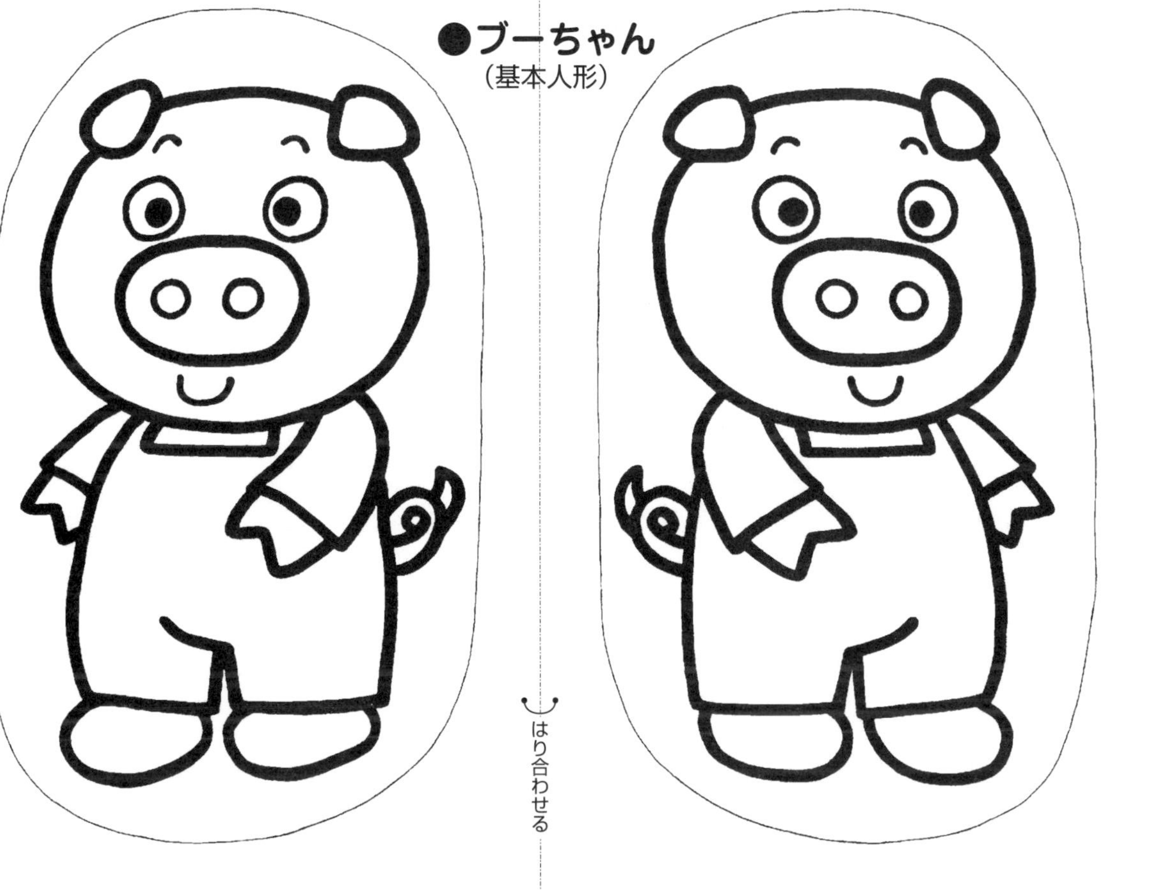

←初めに等倍（100％）でコピーし、この線で切り離すと、拡大コピーするとき便利です（約141～150％）。用紙は薄手の画用紙が最適です。作り方は110ページです。

●ともくん
（基本人形）

はり合わせる

●ゆかちゃん
（基本人形）

はり合わせる

↑初めに等倍(100%)でコピーし、この線で切り離すと、拡大コピーするとき便利です(約41～50%)。用紙は薄手の画用紙が最適です。作り方は10ページです。

P.70～たいへん！お花が枯れちゃった

花　じょうろ

●花

表

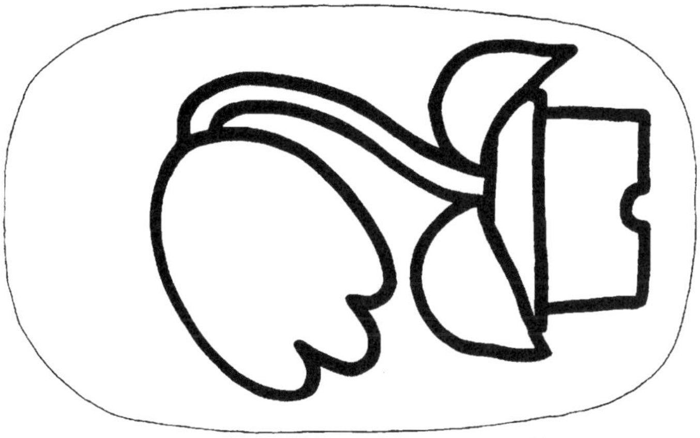

はり合わせる

裏

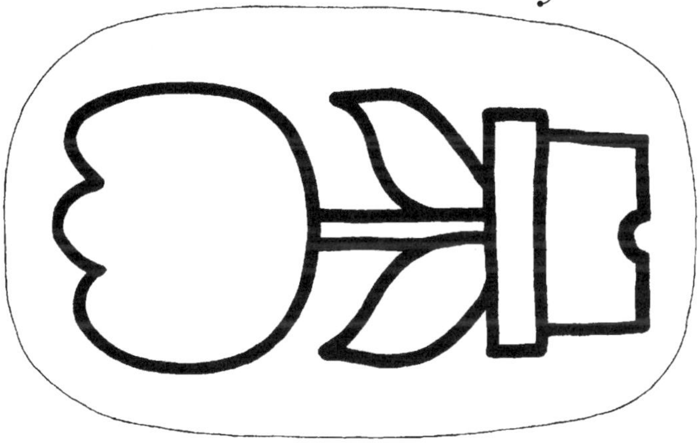

●じょうろ

表

はり合わせる

裏

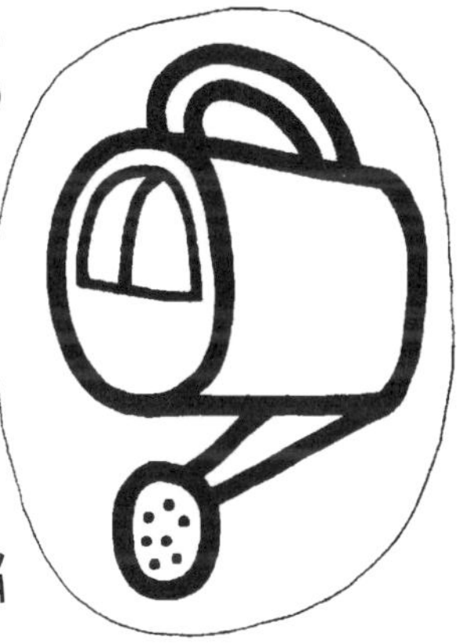

P.72～コンちゃん、物を大切にね！

自由画帳とクレヨン×2

●自由画帳とクレヨン(コンちゃん)

表

はり合わせる

裏

●自由画帳とクレヨン(ミミちゃん)

表

はり合わせる

裏

花火小1・2
花火中1
花火中2

●花火小1・2

表

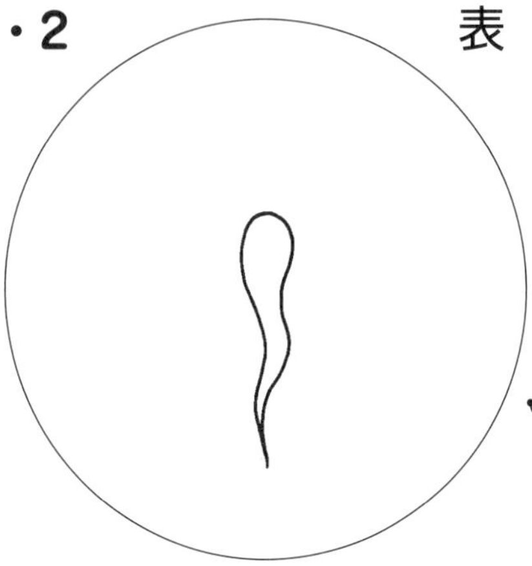

はり合わせる

裏

●花火中1

表

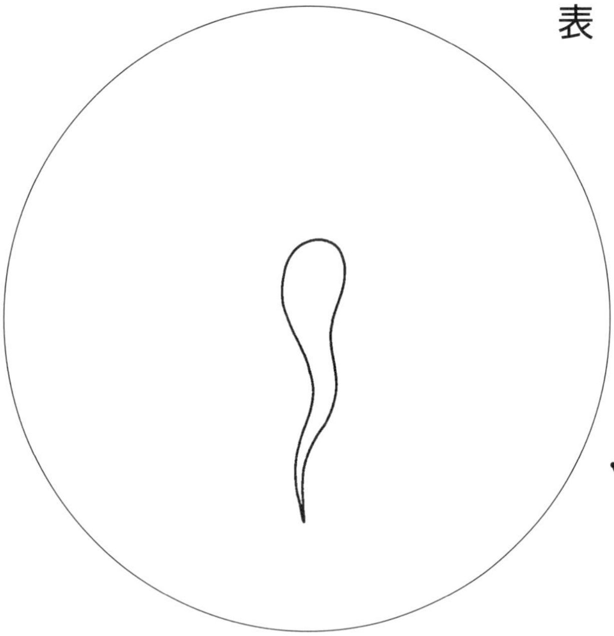

はり合わせる

裏

●花火中2

表

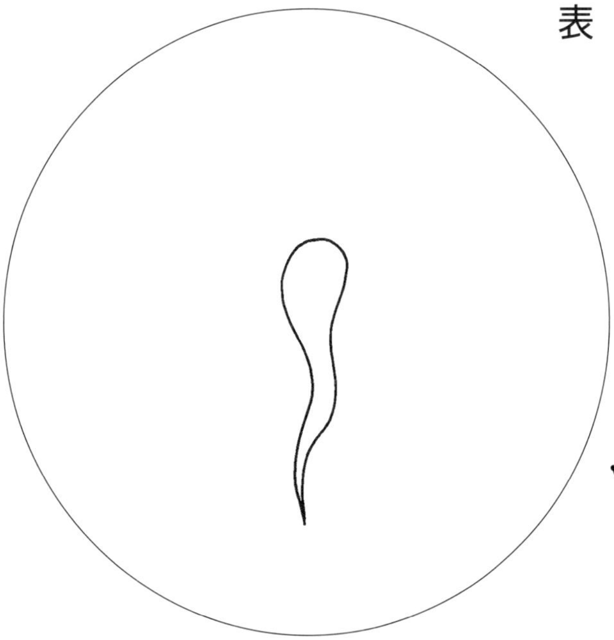

はり合わせる

裏

←初めに等倍(100%)でコピーし、この線で切り離すと、拡大コピーするとき便利です(約180%)。用紙は薄手の画用紙が最適です。作り方は110ページです。

↑切りこ等倍(00%)でコピーし、この線で切り離すと、拡大コピーするとき便利です(約80%)。用紙は薄手の画用紙が最適です。作り方は10ページです。

●花火大1

裏

はり合わせる

表

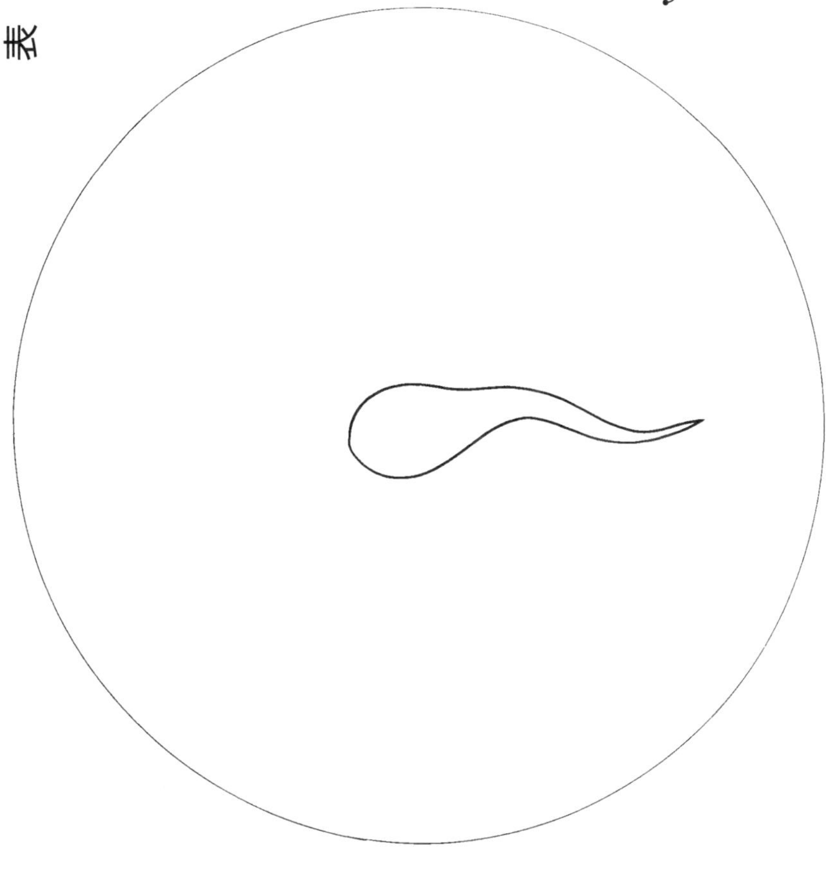

●花火大2

裏

はり合わせる

表

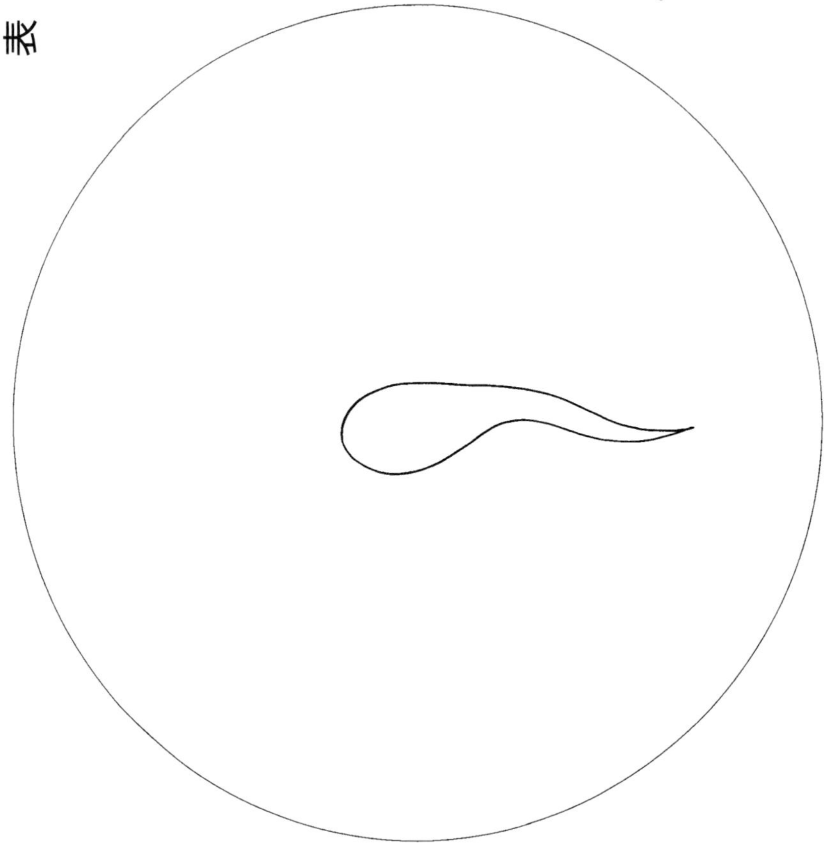

←初めに等倍(10%)でコピーし、この線で切り離すと、拡大コピーするとき便利です(約18%)。用紙は薄手の画用紙が最適です。作り方は11ページです。

両面テープではり合わせる

両面テープではり合わせる

★切り取り線の200%でコピーし、この線で切り離すと、拡大コピーするときに便利です（約160%でB4大、約180%でA3大）。作り方は64ページです。

約200%でB4大、約240%（120%×200%）でA3大になります。

両面テープではり合わせる　　両面テープではり合わせる

←初めに等倍（100%）でコピーし　この線で切り離すと　拡大コピーするとき便利です

●巻き込みペープサートの作り方

用意するもの

- ●型紙をコピーした原画（B4大またはA3大）
- ●割りばしまたは竹ぐし
- ●両面テープ
- ●色鉛筆

①原画に色鉛筆やフェルトペンで着色する。

表面
裏面

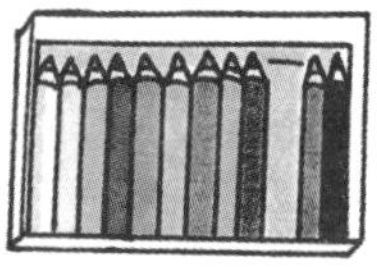

色鉛筆（フェルトペンでも可）

②二つに折って、紙のふちを両面テープではり、図のように表面をすべて山折りにする。

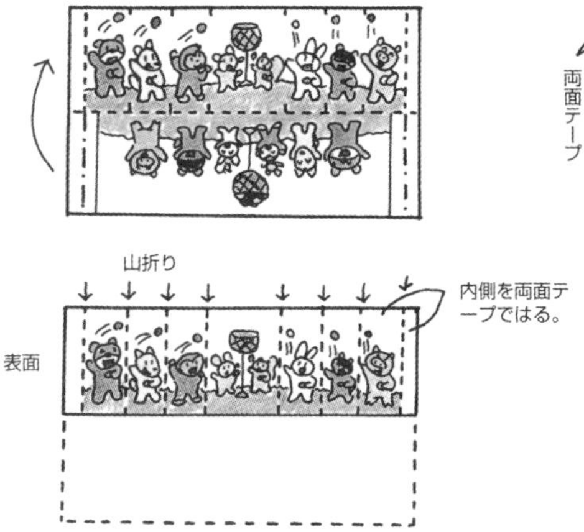
山折り
内側を両面テープではる。
表面

③両面テープで割りばしを留める（裏面）。

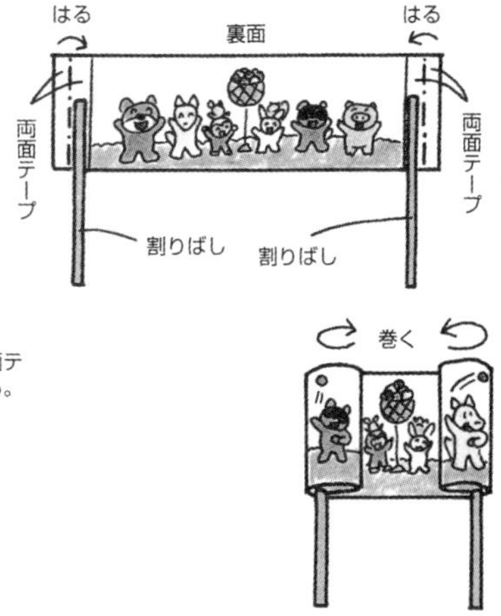
はる
裏面
はる
両面テープ
両面テープ
割りばし
割りばし
巻く

●ウサギ1

表

裏

はり合わせる

●カメ2

表

裏

はり合わせる

↑切から等倍(100%)でコピーし、この線で切り離すと、拡大コピーするとき便利です(約50%)。用紙は薄手の画用紙が最適です。作り方は10ページです。

←初めに等倍(100%)でコピーし この線で切り離すと 拡大コピーするとき便利です(約115%)。用紙は薄手の画用紙が最適です。作り方は11ページです。

●カメ1

裏

はり合わせる

表

●ウサギ2

裏

はり合わせる

表

P.84 〜うさぎとかめの　かけくらべ　段ボール景画

↑初めに等倍(100%)でコピーし、この線で切り離すと、拡大コピーするとき便利です(約400%=200%×200%)。

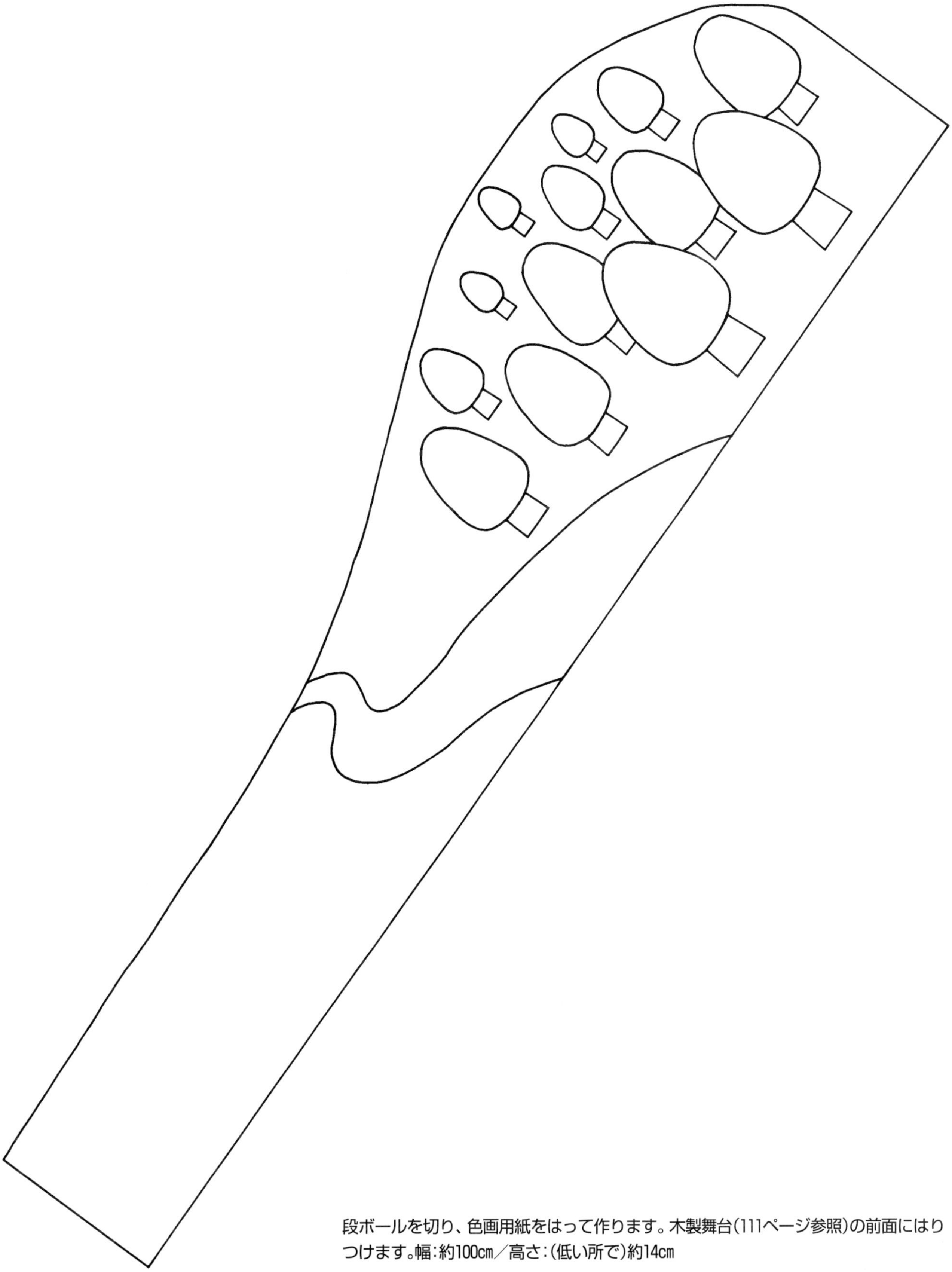

段ボールを切り、色画用紙をはって作ります。木製舞台(111ページ参照)の前面にはりつけます。幅：約100cm／高さ：(低い所で)約14cm

●しろくん1

●しろくん2

←初めに等倍(100%)でコピーし、この線で切り離すと、拡大コピーするとき便利です(約180%)。用紙は薄手の画用紙が最適です。作り方は110ページです。

→初めに等倍(100%)でコピーし、この線で切り離すと、拡大コピーするとき便利です(約180%)。用紙は薄手の画用紙が最適です。作り方は110ページです。

●しろくん3

はり合わせる

●あかくん

はり合わせる

←初めに等倍(100%)でコピーし、この線で切り離すと、拡大コピーするとき便利です(約180%)。用紙は薄手の画用紙が最適です。作り方は110ページです。

●あおくん

●ともちゃん

→初めに等倍(100%)でコピーし、この線で切り離すと、拡大コピーするとき便利です(約180%)。用紙は薄手の画用紙が最適です。作り方は110ページです。

●草むら

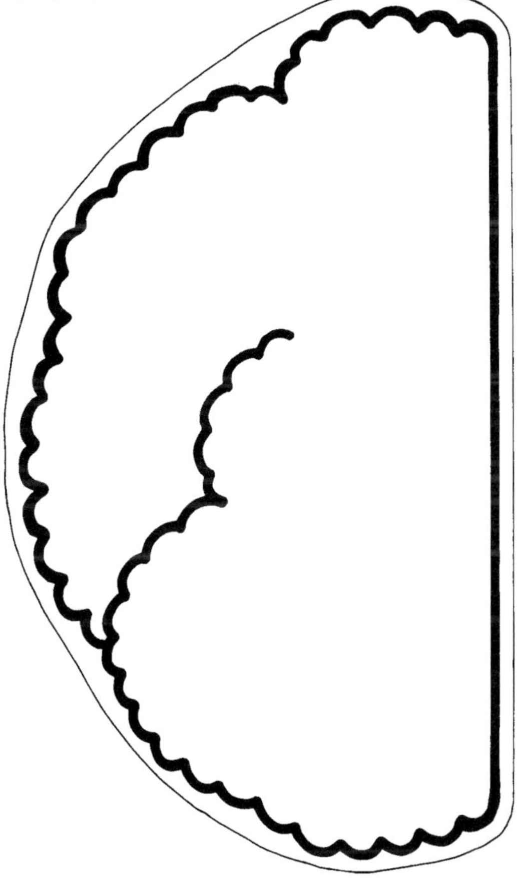

※片面のみの場合は、薄手の画用紙とはりあわせます。

●イヌのシロ

はり合わせる

※最後に出すカード(遠足の絵の裏、約500%に拡大)

←初めに等倍(100%)でコピーし、この線で切り離すと、拡大コピーするとき便利です(約141%)。用紙は薄手の画用紙が最適です。作り方は110ページです。

●ネコ2

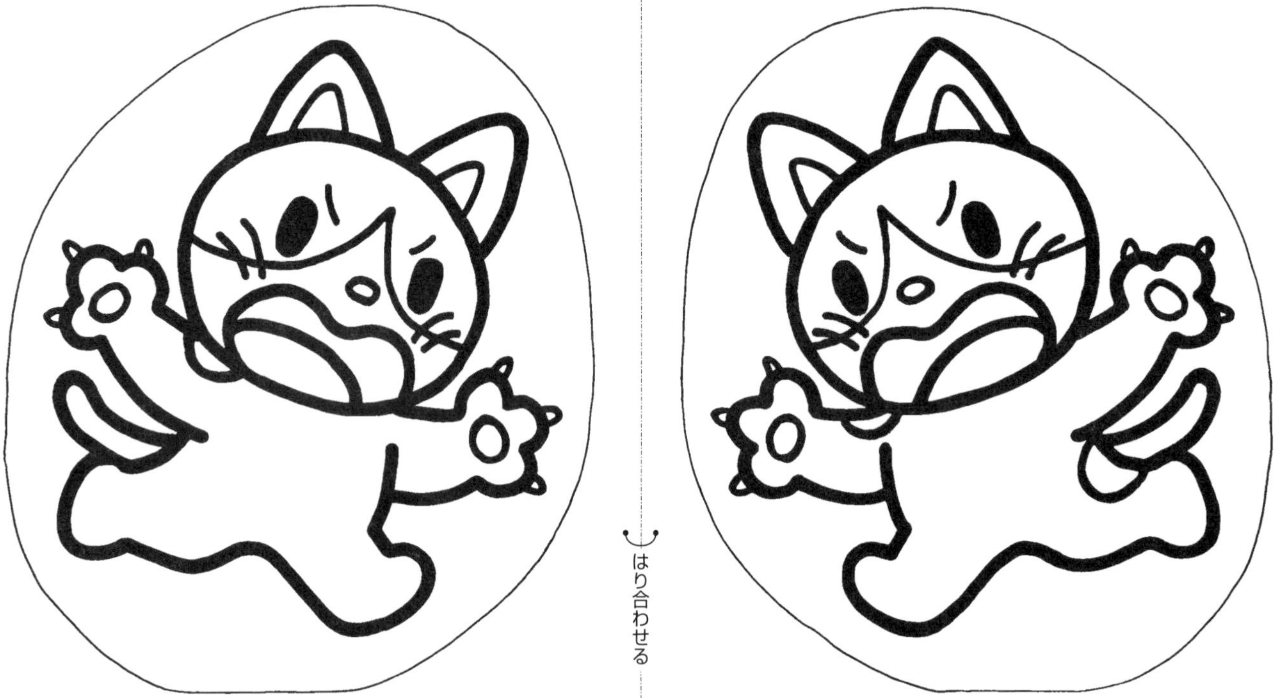

●ネズミ2

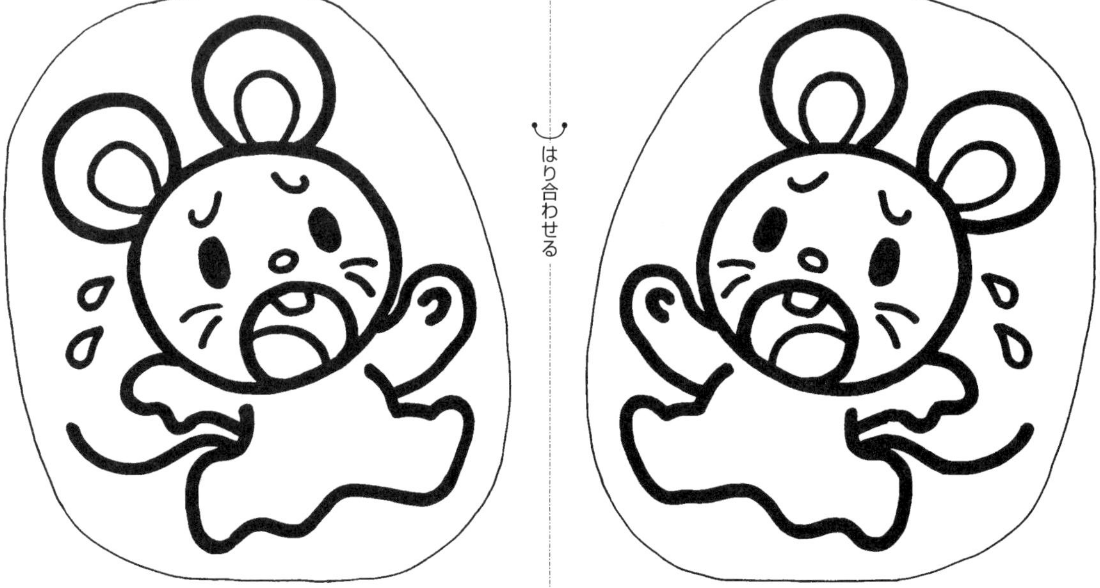

●ネズミ1

●ウシ

●トラ

※片面のみの場合は、薄手の画用紙と
はりあわせます。

→初めに等倍(100%)でコピーし、この線で切り離すと、拡大コピーするとき便利です(約141%)。用紙は薄手の画用紙が最適です。作り方は110ページです。

←初めに等倍(100%)でコピーし、この線で切り離すと、拡大コピーするとき便利です(約141%)。用紙は薄手の画用紙が最適です。作り方は110ページです。

●ウサギ

●タツ

●ヘビ

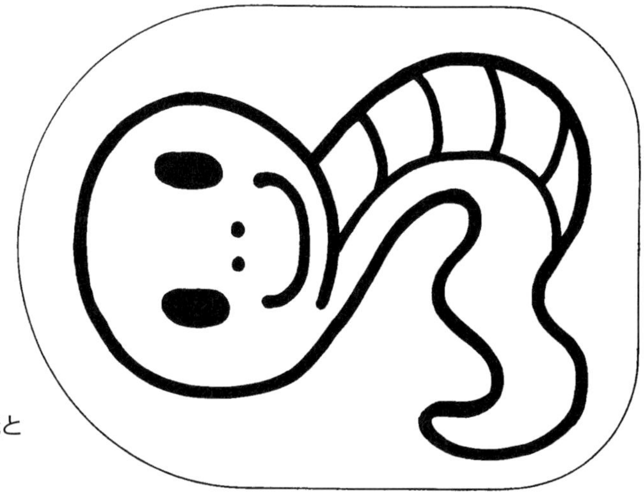

※片面のみの場合は、薄手の画用紙とはりあわせます。

→初めに等倍(00%)でコピーし、この線で切り離すと、拡大コピーするとき便利です(約41%)。用紙は薄手の画用紙が最適です。作り方は10ページです。

●ウマ

●ヒツジ

●サル

※片面のみの場合は、薄手の画用紙とはりあわせます。

●ニワトリ

←初めに等倍(100%)でコピーし、この線で切り離すと、拡大コピーするとき便利です(約141%)。用紙は薄手の画用紙が最適です。作り方は110ページです。

●イヌ

●イノシシ

●神様

※片面のみの場合は、薄手の画用紙とはりあわせます。

●ネコ1

↑初めに等倍(100%)でコピーし、この線で切り離すと、拡大コピーするとき便利です(約41～50%)。用紙は薄手の画用紙が最適です。作り方は10ページです。

●若　者
(基本人形)

表

はり合わせる

裏

●お嫁さん
（活動人形）

表

裏

はり合わせる

●座っている若者

表

裏

はり合わせる

←初めに等倍(10%)でコピーし、この線で切り離すと、拡大コピーするとき便利です(約14〜15%)。用紙は薄手の画用紙が最適です。作り方は11ページです。

↑切かこ等倍(100%)でコピーし、この線で切り離すと、拡大コピーするとき便利です(約141～150%)。用紙は薄手の画用紙が最適です。作り方は10ページです。

●お義母さんと座っているお嫁さん

表

裏

はり合わせる

●おだんご

表

裏

はり合わせる

●お皿にのったおだんご

表

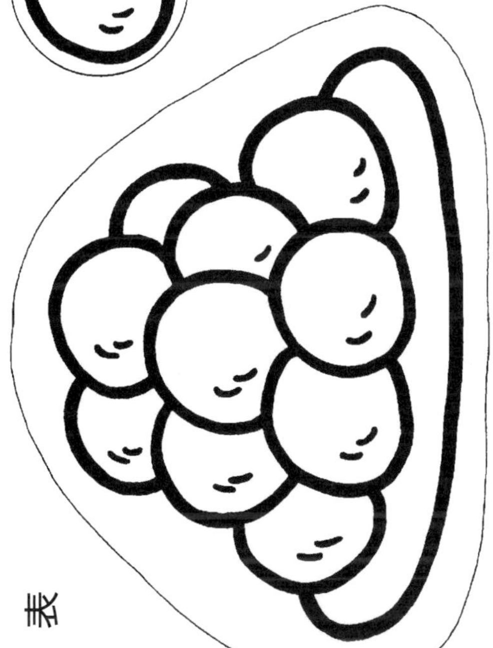

裏

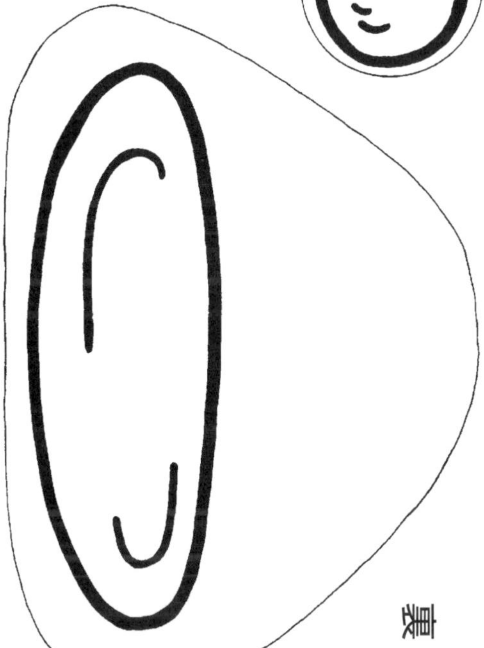

●草むら
※薄手の画用紙とはり合わせる（片面のみ）。

●川
※薄手の画用紙とはり合わせる（片面のみ）。

●正直な木こり−1
（基本人形）

裏

表

はり合わせる

←初めに等倍（10%）でコピーし、この線で切り離すと、拡大コピーするとき便利です（約14～15%）。用紙は薄手の画用紙が最適です。作り方は11ページです。

↑初めに等倍(100%)でコピーし、この線で切り離すと、拡大コピーするとき便利です(約141～150%)。用紙は薄手の画用紙が最適です。作り方は110ページです。

●正直な木こり-2

表

裏

はり合わせる

●女神さま

※薄手の画用紙とはり合わせる（片面のみ）。

●しぶき

※薄手の画用紙とはり合わせる（片面のみ）。

●鉄のおの

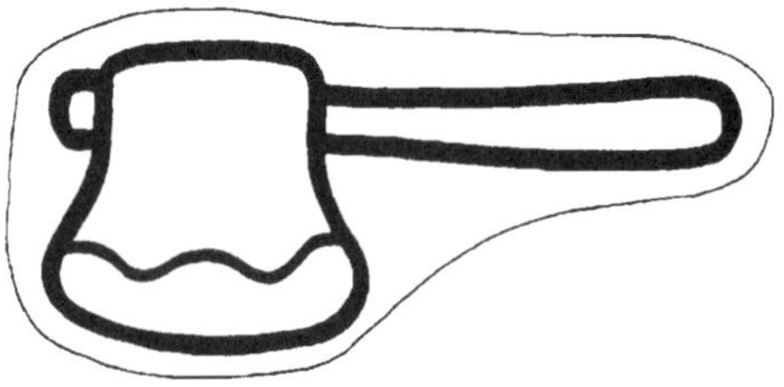

はり合わせる

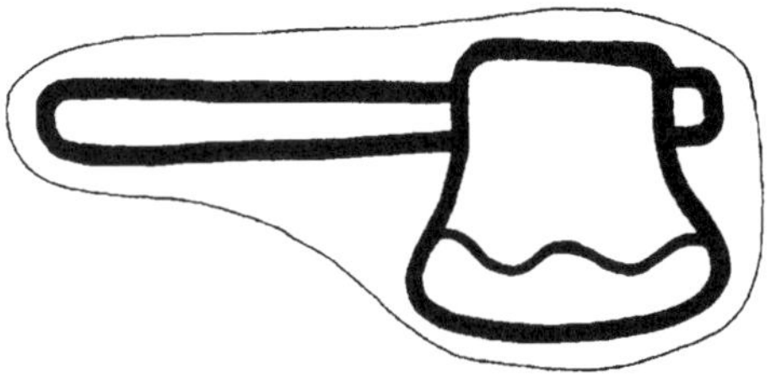

●木ー1

※薄手の画用紙とはり合わせる（片面のみ）。

↑初めに等倍（10%）でコピーし、この線で切り離すと、拡大コピーするとき便利です（約14～15%）。用紙は薄手の画用紙が最適です。作り方は11ページです。

●木ー2

※薄手の画用紙と
はり合わせる（片面のみ）。

●欲張りな
木こり

表

裏

はり合わせる

↑初めに等倍(100%)でコピーし、この線で切り離すと、拡大コピーするとき便利です(約141〜150%)。用紙は薄手の画用紙が最適です。作り方は110ページです。

金のおの

銀のおの

湖

●金のおの

はり合わせる

●銀のおの

●湖

※薄手の画用紙とはり合わせる（片面のみ）。

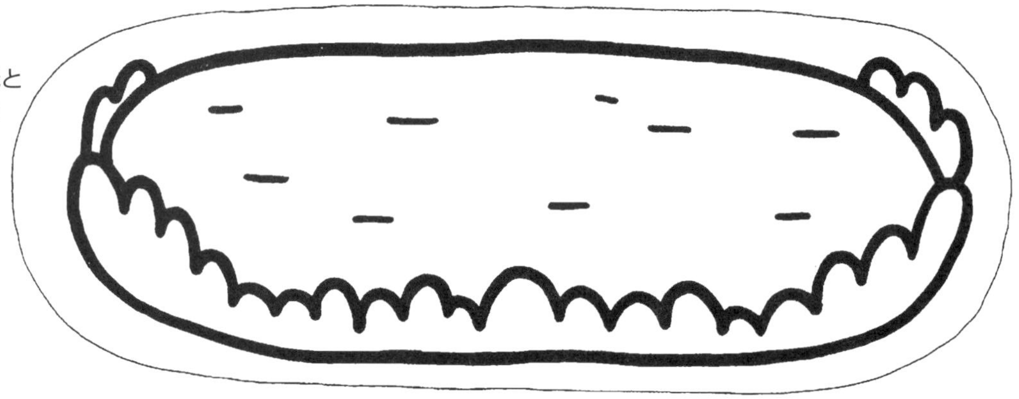

うさぎ

●うさぎ

（基本人形）

裏

表

はり合わせる

←初めに等倍（100％）でコピーし、この線で切り離すと、拡大コピーするとき便利です（約141～150％）。用紙は薄手の画用紙が最適です。作り方は110ページです。

→初めに等倍(100％)でコピーし、この線で切り離すと、拡大コピーするとき便利です(約141〜150％)。用紙は薄手の画用紙が最適です。作り方は110ページです。

●きつね
（基本人形）

裏

表

はり合わせる

●ぶ　た
（基本人形）

裏

表

はり合わせる

●おおかみ
（基本人形）

裏

表

はり合わせる

←初めに等倍（100％）でコピーし、この線で切り離すと、拡大コピーするとき便利です（約141～150％）。用紙は薄手の画用紙が最適です。作り方は110ページです。

※おおかみにすっぽりかぶせることができるように、周囲だけはり合わせる。
(串はつけないので注意)

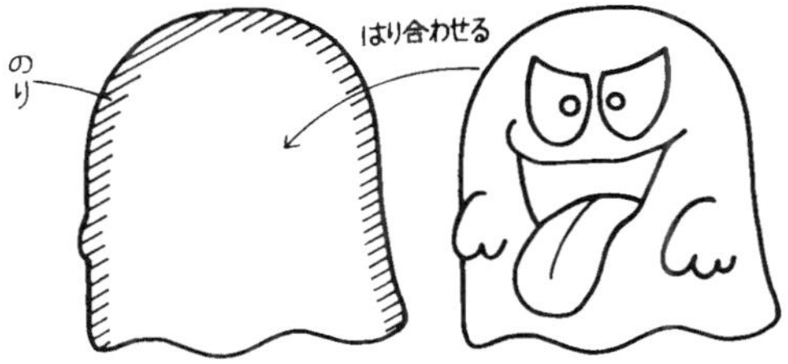

●おばけ

裏

はり合わせる

表

↑初めに等倍(100%)でコピーし、この線で切り離すと、拡大コピーするとき便利です(約141～150%)。用紙は薄手の画用紙が最適です。作り方は110ページです。

●草むら－1

※薄手の画用紙とはり合わせる（片面のみ）。

●草むら－2

※薄手の画用紙とはり合わせる（片面のみ）。

●とうもろこし

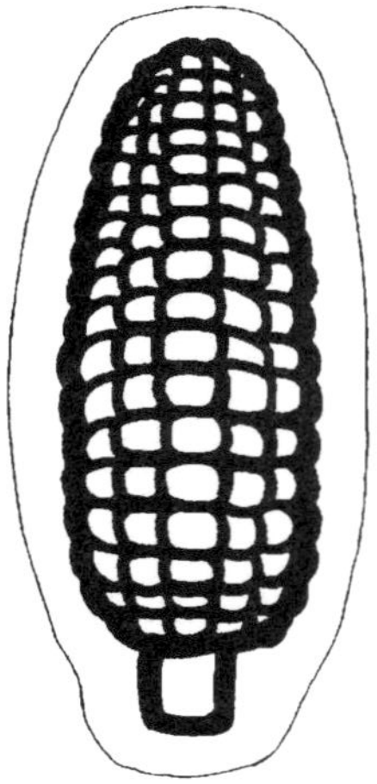

●わたあめ

●たいやき

●切りかぶ

※「切りかぶ」「とうもろこし」「わたあめ」
「たいやき」すべて、薄手の画用紙とはり合わせる（片面のみ）。

←初めに等倍(100%)でコピーし、この線で切り離すと、拡大コピーするとき便利です(約141～150%)。用紙は薄手の画用紙が最適です。作り方は110ページです。

↑初めに等倍(100%)でコピーし、この線で切り離すと、拡大コピーするとき便利です(約141〜150%)。用紙は薄手の画用紙が最適です。作り方は110ページです。

●木ー表

はり合わせる

●木ー裏

ケース

P.50～ごちそうパーティー

P.8～みんないっしょに　いないいないばあ

P.54～チョキチョキ　かにさん

P.14～おへんじ　はーい！

P.58～おもしろ　おはなし　クイズ

P.46～だれのはな

←初めに等倍（100％）でコピーし、この線で切り離すと、拡大コピーするとき便利です（約500％＝250％×200％でB４の大きさになります）。作り方は111ページです。

みんな いっしょに
いないいないばあ

おへんじ はーい！

だれのはな

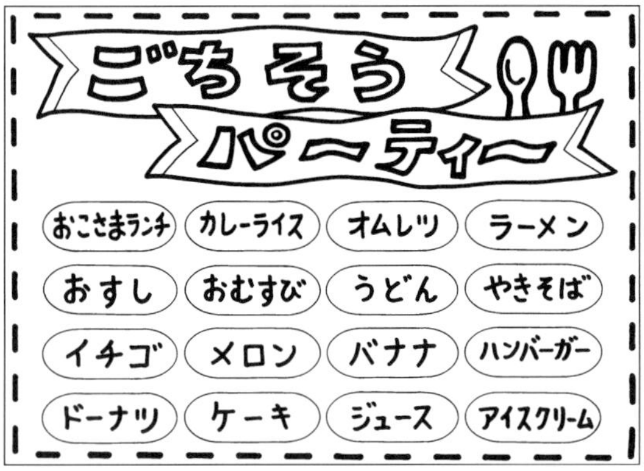
ごちそう
パ～ティ～
おこさまランチ
カレーライス
オムレツ
ラーメン
おすし
おむすび
うどん
やきそば
イチゴ
メロン
バナナ
ハンバーガー
ドーナツ
ケーキ
ジュース
アイスクリーム

チョキチョキかにさん

おもしろ
おはなし クイズ

↑初めに等倍(100%)でコピーし、この線で切り離すと、拡大コピーするとき便利です(約500%=250%×200%でB４の大きさになります)。作り方は11ページです。

たまいれ
ポーン！
つなひき
オーエス！

うさぎとかめの
かけくらべ

十二支のはなし
ねこ と ねずみ

〈著者紹介〉

阿部　恵（あべ・めぐむ）

道灌山学園保育福祉専門学校保育部長・道灌山幼稚園主事
現場の経験を生かして、子どもたちとふれあうための保育技術・
教材を精力的に研究。楽しい実演・講習会には定評がある。

主な著書
『パネルシアター バッチリキット』（ひかりのくに）
『出し物たっぷりネタ帳』（ひかりのくに）
『出し物たっぷりネタ帳②』（ひかりのくに）
『アレンジたっぷりペープサート』（ひかりのくに）
『アレンジたっぷりパネルシアター』（ひかりのくに）
『年中行事のことばがけ・スピーチ』（ひかりのくに）
『改訂新版 年齢別保育資料④～⑥』（ひかりのくに）
『教育・保育実習安心ガイド』（ひかりのくに）
他にも絵本・紙芝居・童話等多数。

※本書は、『新ペープサート』（1998年初版発行）
『わくわくペープサート』（2002年初版発行）
の2点を合わせて再編集・修正したものです。

STAFF
●ペープサート製作・イラスト／あかまあきこ・本間美和子
●協力／岩堀浩美・大谷真弓・ポートピア保育園
●撮影協力／深澤明美・伊藤妙・中村仁美・菅原もとみ・
長尾友恵・吉葉由美
●撮影／今泉邦良（AIMAX）・長井淳一・佐久間秀樹
●本文イラスト／野田則彦
●本文レイアウト・編集協力／永井一嘉・小林真美
●楽譜浄書／株式会社福田楽譜
●企画・編集／安藤憲志・長田亜里沙・佐藤恭子
●校正／堀田浩之

低年齢児・集会・おりがみ・クイズ・ゲーム・生活習慣・行事・お話
ペープサート大百科

2014年11月　初版発行
2021年7月　第5版発行
著　者　阿部　恵
発行人　岡本 功
発行所　ひかりのくに株式会社
〒543-0001　大阪市天王寺区上本町3-2-14
TEL06-6768-1155　郵便振替00920-2-118855
〒175-0082　東京都板橋区高島平6-1-1
TEL03-3979-3112　郵便振替00150-0-30666
ホームページアドレス　https://www.hikarinokuni.co.jp
印刷所　凸版印刷株式会社

Printed in Japan
乱丁、落丁はお取り替えいたします。
ISBN978-4-564-60854-4
JASRAC出1413125-105
NDC376　192P　26×21cm